Infidelidad Emocional

El engaño amoroso que no implica sexo

Marta Y. Pérez

El contenido de esta obra es propiedad y responsabilidad del autor. Su objetivo no es diagnosticar, sino orientar a las parejas. Para mayor ayuda, consulte con un profesional de la salud mental.

Los versículos usados han sido tomados de la Biblia, versión Reina-Valera 1960 ® © Sociedades Bíblicas en América Latina, 1960. Renovado © Sociedades Bíblicas Unidas, 1988. Usados con permiso.

El texto ha sido tomado del Nuevo Diccionario Bíblico Certeza, segunda edición ampliada. Título del original inglés: New Bible Dictionary © 1996 para la tercera edición: Universities and Colleges Christian Fellowship, Leicester, Inglaterra. Texto en castellano © 2003 Ediciones Certeza Unida. Usado con permiso.

Publicado por: Marta Y. Peréz
Diseño y maquetación: Índigo Estudio Gráfico
Diseño de portada: Rick Schroeppel
Copyright © 2019 Marta Y. Pérez
ISBN Paperback: 979-8-218-19888-6

ÍNDICE

Introducción   5

Capítulo 1
"Entendiendo el Matrimonio"   7

Capítulo 2
"¿Qué es la Infidelidad Emocional?"   17

Capítulo 3
"Causas de la Infidelidad Emocional"   33

Capítulo 4
"Tipos de Infidelidad Emocional y Procesos Psicológicos"   55

Capítulo 5
"Señales de una Persona Infiel y sus Consecuencias"   65

Capítulo 6
"Enfrentando el Problema".   77

Capítulo 7
"Arrepentimiento"   91

Capítulo 8
"La Infidelidad Espontánea y la Infidelidad Recurrente.
¿Cuándo Perdonar?"   99

Capítulo 9
"Evaluando la Credibilidad para Reconstruir la Confianza"   119

Capítulo 10
"El Amor Maduro"   133

Introducción

¿Es correcto que mi esposo tenga amigas cercanas con las cuales hable todo el tiempo, salga a comer y les haga regalos constantemente? ¿Es correcto que mi esposa tenga un amigo al cual le cuente todo lo que le pasa incluyendo nuestros problemas matrimoniales? ¿Hasta qué punto pueden intervenir los amigos en mi relación de pareja? Y, Con el creciente avance tecnológico surgen más preguntas: ¿Si mi cónyuge coquetea o habla de temas de intimidad con amigos por internet, se considera eso una infidelidad emocional? ¿Existen los amantes cibernéticos? ¿Cómo puedo saber si mi pareja me está siendo infiel emocionalmente? ¿Hasta qué punto son sanas las relaciones por internet sin que afecten mi salud mental, y mi estabilidad emocional? Esta y otras más son las preguntas de miles de parejas hoy en día alrededor del mundo. Debido al alto índice de infidelidades físicas y emocionales en nombre de "La Amistad", que cada día destruye más matrimonios de lo que pensamos.

Para la creación de este libro que me tomó alrededor de 5 años escribirlo, hice una larga investigación y un estudio con 300 personas casadas alrededor del mundo. De las cuales el 60% afirmó haber sido infiel sexualmente (o sea, haber tenido contacto físico/sexo con otra persona que no era su cónyuge), y el 90% afirmó haber sido infiel emocionalmente (o sea, haber estado enamorado, o tenido un romance cibernético con otra persona, pero sin haberla conocido en persona). Tengo que resaltar que, la distancia no es un obstáculo. Que en la actualidad una persona puede engañar desde la comodidad de su casa usando un dispositivo electrónico con acceso a la internet, y luego limpiarse las manos como Pilato diciendo que eso no es infidelidad porque nunca ha tocado ni besado ni ha tenido sexo con esa otra persona; es más, nunca ha estado físicamente en frente de ella, ni ha tenido el roce piel con piel, sino que, todo ha sido por una cámara de video.

La persona infiel a nivel emocional establece conexiones y lazos afectivos con un tercero, a veces de manera no intencional, creando una historia, construyendo experiencias, compartiendo ideas y aspectos de la vida personal que, de una manera sutil va cruzando la línea entre la amistad y el romance. Esto puede darse entre compañeros de trabajo o de escuela, entre amigos, y también en la iglesia. El marco es muy amplio, las amenazas son muchas, y las consecuencias pueden llegar a ser más destructivas y devastadoras que las que causa una infidelidad física. Básicamente tiene que ver con un enamoramiento que puede ser recíproco en muchos casos, pero que no busca establecer un compromiso social. Parece insignificante, pero en realidad en una bomba de tiempo que cuando explota puede dejar muchas heridas profundas.

Si estás pasando por una situación similar, no sabes que hacer, o has descubierto que tu pareja te está engañando, entonces no te despegues de este libro porque aquí encontrarás todo lo relacionado con la infidelidad emocional. Explicaré las causas, los procesos, las consecuencias, como enfrentar estos problemas y como resolverlos. Encontrarás consejos prácticos que te ayudarán a salir adelante cualquiera que sea tu decisión, ya sea de separarte o de seguir en la relación, y trataré todos los casos desde una perspectiva psicológica y bíblica, para que veas las cosas desde diferentes puntos de vistas y puedas tener una amplia capacidad para explorar todas tus posibilidades. Mi objetivo es que entiendas qué es en realidad el matrimonio, cómo afrontar las crisis y los problemas, cómo trabajar y superar la infidelidad y llegar al Amor Maduro.

¡Espero que este libro te sirva de ayuda y lo disfrutes!

Capítulo 1
"Entendiendo el Matrimonio"

Pensamiento:
"Aunque tienes toda la libertad para tomar decisiones que te conducen al mal, el propósito divino es que optes por tomar decisiones que te conduzcan al bien"

La palabra "fidelidad" se deriva de la palabra "fe". Y ambas son decisiones que tomamos libremente. Una persona fiel mostrará confianza, respeto y lealtad hacia su cónyuge . ¿Pero, qué pasa si confías más en otra persona que en tu pareja? Entonces, es probable que, estés transitando por el camino hacia la Infidelidad Emocional.

La palabra "adulterio" tiene su origen del latín "adulterare" y hace referencia básicamente a falsificar, engañar, alterar o ilegitimar algo. Desde el punto de vista matrimonial, el adulterio es cuando ocurre un acto sexual de una persona casada, con otra persona que no es su pareja legal. De esta manera se altera el amor original mediante la falsificación de un cónyuge que legítimamente no le corresponde.

Existe una diferencia entre la infidelidad emocional y el adulterio. Aunque a veces se les trate por igual, o, en otros casos se le aplica castigo a una y a la otra no se toma en cuenta. La Infidelidad Emocional ocurre en el Alma del ser humano, quiere decir: en su mente, y emociones; mientras que, el adulterio ocurre en el plano físico mediante el contacto de cuerpo con cuerpo. ¿Puede una persona casada ser infiel en el plano emocional sin llegar a cometer adulterio? La respuesta es Sí. Una persona puede permanecer casada por años, tener sexo con su pareja solamente, y albergar sentimientos de amor hacia otra persona. Y mantener este secreto toda la vida sin que nadie nunca lo llegue a saber. Este es uno de los peligros que encierra esta problemática, porque en el mundo en que vivimos tenemos la tendencia a señalar a la gente por sus errores y pecados abiertos como: robar, mentir, matar, ofender, adulterar; pero, ¿Qué pasa con los pecados encubiertos como: el rencor, el resentimiento, el orgullo, las malas intenciones y las infidelidades emocionales? Estas, aunque no son visibles físicamente pueden abarcar más terreno y permanecer por más tiempo en nuestras vidas causando grandes grietas y daños psicológicos, en algunos casos irreparables.

¿Qué es el Matrimonio?

Según el Nuevo Diccionario Bíblico Certeza (segunda edición ampliada), pagina 865 dice que: "El matrimonio es el estado en el cual un hombre y una mujer pueden vivir juntos en relación sexual con la aprobación de su grupo social. El adulterio y la fornicación son relaciones sexuales que la sociedad no reconoce como matrimonio".

A simple vista parece algo sencillo, pero en realidad no lo es. El matrimonio es mucho más que la unión física de dos personas para disfrutar, procrear y formar una familia. El matrimonio es la unión de los tres elementos que componen el Ser de la persona casada en una armonía con su cónyuge. Cuando analizamos la esencia del ser humano y lo que significa en realidad el matrimonio más allá de las normas sociales, encontramos una amplia gama de riqueza en detalles, las cuales analizaremos a continuación.

"Por tanto, dejará el hombre a su padre y a su madre, y se unirá a su mujer, y serán una sola carne" (Génesis 2:24) Reina-Valera (RVR1960)

El matrimonio implica 3 acciones:

1- Dejar

2- Unir

3- Ser

¿Qué significa dejar?

La expresión: "Dejar a padre y madre", significa, salir de mi viejo hogar para formar un nuevo hogar con la persona que me he casado. Esto no implica abandonar a los padres, despreocuparse de ellos, u olvidarse de que existen, sino que hace referencia a las responsabilidades que los casados deben asumir en su nueva vida, sin la ayuda de los progenitores. Quiere decir, que:

- Al cortar en el aspecto físico, los recién casados deben convivir solos. Deben tener su propia casa o lugar para vivir solos. No es conveniente que los adolescentes se casen y se vallan a vivir con los padres.

- Al cortar en el aspecto económico, los casados deben ser lo suficientemente responsables para asumir los gastos de la casa juntos y suplir sus necesidades sin la ayuda de los progenitores.

- Al cortar en el aspecto psicológico, los casados deben resolver los problemas dentro del ámbito matrimonial y no involucrar o hacer partícipe a sus padres de los conflictos. (a menos que el asunto sea de vida o muerte)

- Al cortar en el aspecto de autoridad, los casados deben hablar y tomar las decisiones juntos y no depender de la opinión de sus padres para hacer funcionar su matrimonio. (en ocasiones es bueno escuchar, pero deben ser lo suficientemente maduros para ponerse de acuerdo y tomar las decisiones por ellos mismos)

"Dejar" permite a la pareja crecer juntos sin la intervención de terceras personas, lo cual evita conflictos futuros. Reduce el estrés al no tener que compartir los eventos y problemas que solo le compete a la pareja enfrentar. Y esto también aplica a los amigos. Aunque los amigos son una parte esencial en nuestro desarrollo personal, los casados no deben permitir que los amigos controlen la relación matrimonial.

¿Qué significa unir?

La expresión: "Se unirá", hace referencia a la unión del Ser del hombre con la unión del Ser de la mujer. ¿Qué es el Ser? ¿Qué es lo que se une? Y, ¿Cómo logramos esa unión?

"Y el mismo Dios de paz os santifique por completo; y todo vuestro ser, espíritu, alma y cuerpo, sea guardado irreprensible para la venida de nuestro Señor Jesucristo". (1 Tesalonicenses 5:23) Reina-Valera (RVR1960)

El "Ser" del ser humano está compuesto por un Espíritu (que es la esencia del hombre, lo que le da vida), un Alma (que es la parte psicológica/ racional donde piensa, analiza, toma decisiones, evalúa su conducta y procesa sus emociones) y un Cuerpo Físico (que ocupa un espacio, donde exterioriza todo lo que procesa internamente, dándole forma a sus ideas materialmente).

En el matrimonio estamos uniendo la esencia de lo que es, piensa, siente una persona con lo que es, piensa y siente su pareja. En otras palabras, no solo nos estamos uniendo sexualmente, sino emocional, psicológica y espiritual, sin perder nuestra esencia como individuos. Debe existir unidad de pensamiento, unidad de propósito, unidad de principio, unidad de dirección, unidad en la toma de decisiones. Nótese que Unidad no es lo mismo que Igualdad. Podemos no estar de acuerdo, o no ser igual en algo o tener gustos diferentes, pero aun así estar unidos. ¿Se ha puesto a pensar, por qué mucha gente cuando llega a los 40 años, después que los hijos crecen y se van de la casa, ellos se divorcian? Porque se dan cuenta que no tenían unidad psicológica ni emocional, que lo único que los hacia permanecer juntos era los hijos, pero que, al no existir sexo ni atracción física, ya no les queda nada en común. Como pareja vivieron en mundos separados, aunque físicamente presentes, pero no tuvieron la unidad integral que necesitan las parejas para crecer y permanecer juntas.

1- ¿Cómo funciona la Unidad Espiritual?

El espíritu es nuestra esencia como personas, lo que nos da vida, nos conecta con nuestro ser interior, nos conecta con Dios y con el universo. Es curioso resaltar como matrimonios con las mismas creencias religiosas tienen más probabilidad de permanecer juntos que los matrimonios donde cada uno tiene diferente creencia. Por ejemplo: matrimonios donde los dos son judíos, o musulmanes, o hinduistas, o católicos, o cristianos, al menos los dos tienen la misma concepción del mundo, de lo que representa Dios para ellos, de quienes son y hacia dónde van, y esto, en un cierto sentido los hace caminar juntos, independientemente de que estén en lo correcto o no. Sin embargo, cuando los dos tienen diferentes creencias religiosas es difícil para la pareja caminar juntos porque sencillamente van en diferente dirección. Imagina que tu esposo se molesta cada vez que vas a la iglesia. O que tu esposa te critica porque lees la Biblia. Esto es lo que Pablo en su momento llama "el yugo desigual" porque no hay ni habrá comunión espiritual. En el cristianismo, por ejemplo, aparece que, cuando una persona tiene el "Espíritu Santo" y la otra no, en la relación no habrá comunión; mientras que, cuando los dos tienen el "Espíritu Santo" en la relación, entonces tendrán comunión espiritual. Lo mismo sucede si dos personas no tienen el "Espíritu Santo" o no son creyentes, de igual forma tendrán comunión espiritual porque están en la misma dimensión.

Cuando los miembros de la relación saben quiénes ellos son, para que están en este mundo, el propósito de sus vidas y deciden conectar sus vidas en sintonía de manera armónica, entonces se produce la unidad espiritual en la pareja. Es esa conexión más allá de lo sexual que crea como un campo magnético de sincronización. Mantener la unidad espiritual es trabajo de todos los días, no es algo que se sostiene por sí solo, porque en un mundo cambiante, con pruebas y tentaciones; caer y desconectarse de la fuente de la vida que es Dios, nos hace también desconectarnos de nuestra relación. Somos un espíritu, con alma propia y que habitamos en un cuerpo físico, significa que, mientras más conectamos con Dios y nuestra pareja también, mas conexión espiritual tendremos juntos.

2- ¿Cómo funciona la Unidad Psicológica?

La unidad psicológica es cuando compartimos con nuestra pareja lo que pensamos, lo que sentimos y decidimos. Expresamos abiertamente nuestras ideas, sueños, metas, proyectos, gustos, experiencias, deseos, y de manera recíproca nos mantenemos abiertos para escuchar al otro también. Existe la comunicación efectiva, la confianza, la crítica constructiva, la comprensión y el entendimiento mutuo. Hay tanta comunicación que, mi pareja sabe casi todo de mí, lo que me gusta y lo que no me gusta, lo que me enoja, lo que me alegra, o lo que me irrita y lo que me llena de energía.

Existen parejas que cuando tienen un problema matrimonial, van directo donde el amigo, el familiar, el pastor, el cura o el maestro para resolverlo, pero no son capaces de hablarlo directamente con el cónyuge . También sucede que, hay parejas donde la comunicación es tan pobre que casi ninguno conoce los pensamientos ni los gustos del otro. O, en otros casos, donde la amiga del esposo conoce más de él que la propia mujer. Lograr la unidad psicológica en el matrimonio es un trabajo en equipo de todos los días. Basado en el respeto, la comunicación, la comprensión y el amor mutuo. Manteniendo la confidencialidad en la pareja y recordando siempre que los asuntos matrimoniales no son temas de debate público, y que todos los asuntos deben tratarse dentro del marco del hogar, (sólo con la excepción de casos extremos donde haya habido abuso físico o maltrato psicológico, entonces debido a que la vida de uno de los integrantes de la familia corre peligro, entonces si es requerido la intervención de terceros con la ayuda profesional).

3- ¿Cómo funciona la Unidad Física?

La unidad física conocida como intimidad, se logra cuando ambos se entregan el uno al otro experimentando la satisfacción sexual. Esto puede ser desde un beso, o una caricia hasta el coito. Hay coqueteo, juegos sexuales, fantasías, se alimenta el romance, se satisfacen con el cuerpo hasta quedar saciados. El contacto físico, la atracción mutua y el erotismo pueden llegar a su máxima expresión. Desde el mismo momento que comienzas a privar a tu cónyuge de tener intimidad sexual contigo por un período prolongado de tiempo, se comienza a romper esta unidad física; lo que a la larga puede ocasionar que uno de los dos intente tener experiencias sexuales con otras personas fueras del matrimonio. Es importante mantener la unidad física en el matrimonio, ya que, la satisfacción sexual provee placer, bienestar y estabilidad a la relación. Mantener una buena higiene, un cuidado responsable del físico, y lucir atractivo para el otro, mantiene el deseo vivo en la relación. También conocer cómo funciona su propio cuerpo y cómo funciona el cuerpo del otro, para saber lo que le gusta y lo que no le gusta durante la relación sexual, acoplarnos juntos y disfrutar.

¿Qué significa Ser?

"Ser una sola carne" debe ser la meta de todo matrimonio. Después que dejamos el control de nuestros padres y las influencias de nuestros amigos, y decidimos unirnos en espíritu, alma y cuerpo en matrimonio, creamos el "Nosotros" sin perder nuestra individualidad. Donde ahora existe lo mío, lo tuyo y lo nuestro. Ser uno es el deseo divino de que vivamos en sincronía con Dios, y con nuestra pareja disfrutando de una conexión espiritual, de una comunicación efectiva y de una vida sexual activa en perfecta armonía.

Ser "uno" no significa dejar de ser yo para convertirme en la persona que mi cónyuge desea que sea. Tampoco implica depender de la voluntad del otro, ni abandonar mis principios para dejarme controlar y manipular por el otro. Ser "uno" no significa doblegar, ni someter, ni monopolizar en nombre del amor. No significa poseer al otro, ni abandonar mi identidad para asumir la identidad de mi pareja. Ser "uno" es el "Nosotros" que ambos, bajo nuestra libertad elegimos construir.

Miles de personas en la actualidad contraen matrimonios sin siquiera pensar en llegar a ser "una sola carne". Comienzan relaciones con motivaciones equivocadas, degradando la sociedad y destruyendo sus propias vidas. Basta con salir a la calle o ver programas de TV para encontrar que la gente se casa por interés, por mejorar su estatus social, para tapar un embarazo, para cambiar de un país a otro, para escapar de su casa, por rebeldía, por miedo a estar solo, para darle sentido a su vida, para encontrar la felicidad que no tienen, para tener autoridad y controlar; o por pura atracción sexual sin tomar en cuenta si son compatibles o no psicológicamente; en fin, pocos son los que logran establecerse con las motivaciones correctas, con el enfoque correcto, y con el propósito correcto.

Integridad Matrimonial

El matrimonio no es para todo el mundo. Es principalmente para personas sanas que están en armonía y que viven en integridad. Porque las personas tóxicas producen relaciones tóxicas y matrimonios tóxicos, y las personas enfermas psicológicamente producen relaciones enfermas; ya que el patrón mental que tienen lo proyectan hacia el otro, y con un interior que no está en orden, no pueden estar en orden en sus relaciones sentimentales. El matrimonio es un trabajo en equipo que requiere disciplina, responsabilidad e integridad. El amor por sí solo no lo sostiene, el amor es solo un ingrediente, una parte; ni tampoco la euforia del deseo sexual, ya que las emociones tienden a bajar el nivel con el paso del tiempo y luego lo que queda es el compromiso y el "nosotros" que se ha construido con la tri-unidad de nuestro ser con el otro.

Pero, si ya tomaste la decisión de casarte uniendo tu vida a la de otra persona, al menos se responsable e inteligente para vivir en integridad matrimonial. Porque un liderazgo eficaz, una exitosa carrera, una vida aparentemente intachable y una buena fama, se pueden ver destruidos por una vida matrimonial deficiente, perdiendo grandes oportunidades. Solo debemos recordar que, no podemos descuidar ninguna de las tres áreas en la que nos unimos, porque, así como se produce la infidelidad sexual, también se produce la infidelidad emocional y la infidelidad espiritual, y cualquiera de las tres pone en peligro la desintegración de la relación. Pero en este libro me enfocare solamente en la Infidelidad Emocional porque considero que es la que más abunda y la más difícil de detectar a simple vista.

Capítulo 2
"¿Qué es la Infidelidad Emocional?"

Pensamiento:
"La vida privada tiene que ser coherente con la vida pública, y la relación privada que tengo con mi pareja debe ser auténtica e íntegra con la relación que yo manifiesto de nosotros en público, porque entonces una destruirá a la otra".

En el alma del ser humano se encuentran tres potencias: la mente, la voluntad y las emociones.

- La mente es la potencia del alma que controla la capacidad de pensar.

- La voluntad es la potencia del alma que controla la capacidad de tomar decisiones.

- Las emociones son la potencia del alma que controlan la capacidad de sentir.

Así como existe la ley de gravedad que dice que, cuando lanzas un objeto al aire, no importa en qué parte lo lances, el objeto ira de regreso al suelo, a menos que otra fuerza intervenga en ese momento; también en el alma existe una ley que dice que: "lo que pensamos, afecta lo que sentimos e influencia lo que decidimos". Por eso debemos tener extremo cuidado con aquello que pensamos. Porque nuestros pensamientos causan nuestras emociones y ejercen control sobre nuestras decisiones.

No podemos ir por la vida manipulando toda clase de perversidad o fantasía sexual en nuestra mente y pretender que eso no nos afectará . No podemos darnos el lujo de coquetear psicológicamente con cuanta persona pasa por nuestro lado, y pensar que es normal y que no nos dañará . Porque si yo pienso en que estoy teniendo sexo con una amiga, mi cuerpo va a reaccionar a ese pensamiento, y voy a terminar tocándome y satisfaciéndome. Por eso es que existe una estrecha relación entre las fantasías sexuales, la pornografía y la masturbación; y es que el cuerpo simplemente reacciona a lo que pensamos, vemos y sentimos.

La infidelidad emocional comienza con un simple pensamiento que parece inofensivo, te seduce, te envuelve, te hace sentir bien, en cierta forma se satisface, te genera placer, y cuando logra implantase en tu cabeza, te confunde, te distrae, te hace perder el contacto con la realidad, y luego te arrastra por el camino de la infelicidad, de la vergüenza y en muchos casos de la humillación pública; para luego hacerte dudar hasta de tus propias capacidades y de tu realidad, afectando tu capacidad para pensar de manera coherente y racional.

Infidelidad Emocional

Ser infiel emocional es romper de manera consiente con un acuerdo afectivo que establecemos con la persona que elegimos casarnos. De entre miles de personas que existen en el mundo, elegimos una, y con esa una, establecemos acuerdos de lealtad, afectividad, exclusividad, confidencialidad y sexual. Este término aplica solo para parejas, las personas solteras no tienen este compromiso emocional.

La infidelidad emocional, infidelidad psicológica, o adulterio psicológico, según lo quieras llamar, es cuando yo me desconecto emocionalmente de mi pareja y empiezo tener pensamientos de amor romántico hacia otra persona, comienzo a fantasear y a crear en mi mente una historia de amor con esa otra persona. Siento atracción y me enfoco por establecer una conexión y a vivir experiencias excitantes con esa otra persona bajo el manto de "una linda amistad". También es cuando privo a mi pareja de lo que pienso, quiero y siento, y la reemplazo por otra. Soy infiel cuando mi afecto lo dirijo hacia otra persona creando lazos de amor encubiertos mediante atenciones, regalos, llamadas, tiempo, dinero, mensajes, cenas y cosas que yo, de manera consiente sé, que deben ser reservadas solamente para el vínculo matrimonial.

La infidelidad emocional puede cruzar los límites de la amistad, atravesar por el coqueteo, el romance y manifestarse explícitamente mediante conversaciones telefónicas de alto contenido sexual, intercambio de fotos provocadoras, video llamadas eróticas y mensajes con conocidos o desconocidos vía internet. Este tipo de infidelidad no implica contacto físico por lo que las aventuras amorosas se pueden dar con personas que están del otro lado del mundo, lo cual representa un verdadero problema, porque a menos que la persona deje evidencias o muestre señales externas, esta situación podría permanecer por años en el tiempo, incluso, toda la vida, sin llegar a descubrirse.

Las aventuras amorosas emocionales son altamente peligrosas, corrompen la mente y el corazón, y en muchos casos son difíciles de probar debido a la falta de acción no concretada. Por un lado, ambas personas perciben que algo está mal, pero, por otro lado, al no haber pruebas de contacto físico, se minimiza el problema como si fuera un juego, un pasatiempo o algo sin sentido que no llegara a mucho. Una infidelidad emocional puede ser más destructiva que las aventuras sexuales de una noche porque pueden llegar a engancharte al punto de enamorarte y perder la cabeza; mientras que las aventuras sexuales de una noche se hacen por simple satisfacción, la cual terminada la meta se deshacen por falta de vínculo emocional, por esa razón duran poco.

"Oísteis que fue dicho: No cometerás adulterio. Pero yo os digo que cualquiera que mira a una mujer para codiciarla, ya adulteró con ella en su corazón'. (Mateo 5:27-28) Reina-Valera (RVR1960)

La codicia es un deseo desordenado, intenso, excesivo y un apetito voraz por tener algo. El que mira a una mujer para desearla intensamente con el deseo de devorarla y poseerla, aunque no la haya tocado, cometió infidelidad en su corazón. No es lo mismo mirar una mujer para admirar su belleza, conversar con ella y apreciar su personalidad, a mirar a una mujer para imaginársela sensualmente desnuda en la cama contigo. El problema no radica en "mirar" sino la intención y el propósito por la cual la estoy mirando. El adulterio en el corazón es la antesala al adulterio físico, y ambos son condenados.

La atracción sexual que sentimos de manera natural hacia otras personas no se elimina de nuestras vidas cuando nos casamos. Es algo que traemos desde que nacemos hasta que nos morimos, viene arraigado a nosotros y así hemos sido creados. Los impulsos sexuales biológicos son buenos porque nos permite procrear, pero a diferencia de los animales, nosotros podemos controlarlos. Tenemos la fuerza interna para controlar nuestros impulsos, establecer límites y poder vivir de manera responsable y disciplinada en la sociedad. Admirar la belleza del rostro y del cuerpo de una mujer no pone en peligro la fidelidad conyugal, tampoco disfrutar de la personalidad atractiva de un hombre, porque no hay deseo obsesivo de posesión, ni tampoco excitación sexual, lo malo es cuando yo quiero tocar, besar, acariciar y tener ese cuerpo.

¿Cómo saber si estoy siendo Infiel a nivel Emocional?

Para saber si estoy siendo infiel a nivel emocional, vamos a hacernos las siguientes preguntas:

- Cuando tengo un problema, ¿voy directamente con mi amigo(a) para pedir ayuda, porque confío más en ello(a) que en mi pareja?

- ¿Trato lo temas de intimidad matrimonial con mi amigo(a) y no le comento nada a mi pareja?

- ¿Cuando llego a casa limito mi conversación porque siempre estoy cansado de hablar todo el día en el trabajo y lo que quiero es silencio, Pero no tomo tiempo para conversar con mi pareja?

- ¿Estoy invirtiendo mi tiempo y dinero con mi amigo(a), y cuando mi pareja me pide que salgamos siempre invento excusas para no hacerlo?

- ¿Salgo a almorzar con personas del sexo opuesto porque me gusta disfrutar de una buena compañía, y cuando llego a casa mi pareja me reclama que casi no comemos fuera?

- ¿Me paso casi todo el día en llamadas telefónicas de trabajo y con amigos, que casi no tengo tiempo para hablar con mi pareja?

- ¿Borro los mensajes que recibo para que mi pareja no vea ni lea lo que me enviaron?

- ¿Borro el historial de llamadas para que mi pareja no vea con quien he estado hablando?

- ¿Coqueteo con personas del sexo opuesto?

- ¿Disfruto las conversaciones de doble sentido con amigos, en especial con una persona que me atrae?

-   ¿Tengo sentimientos de amor romántico hacia una persona que no es mi pareja?

-   ¿Me paso el día pensando que estoy teniendo sexo con alguien que no es mi pareja?

-   ¿Le estoy escondiendo a mi pareja cosas sobre un amigo(a) en particular?

-   ¿Estoy teniendo fantasías sexuales en mi mente con otras personas?

-   ¿He estado teniendo aventuras amorosas cibernéticas?

-   ¿Le he enviado fotos o videos provocadores sobre mí a alguien que no es mi pareja?

-   ¿Me he masturbado durante una video llamada con otra persona que no es mi pareja?

-   ¿Hay en mi celular aplicaciones para solteros, encuentros casuales, o para encontrar pareja?

-   ¿Me paso todo el día pensado en ese amigo(a) que me llama la atención y con el cual me gustaría estar si yo no estuviera casado(a)?

-   ¿Le cuento cosas a mi amigo(a) que mi pareja no puede saber?

-   ¿Escondo videos, fotos, recibos y cosas que me conectan con otra persona la cual mi pareja no puede saber que existe?

-   ¿He hablado de amor, pasión, deseo y una vida futura con otras personas usando un perfil falso en las redes sociales?

Si respondiste que "si" a las preguntas anteriores, entonces estas en el mundo de la Infidelidad Emocional. ¿Por qué? Porque incluso, cuando nunca hayas usado las redes sociales para relaciones cibernéticas, ni nunca hayas enviado fotos, ni videos, ni tenido conversaciones de amor con nadie, el hecho de fantasear y albergar amor hacia otra persona y compartir el tiempo que necesitas para invertir en tu relación matrimonial lo empleas con un tercero, de igual forma es infidelidad. Solo pregúntate: ¿Lo que estoy pensando, es ilícito moralmente? ¿Tiene esto que ver con alguna forma de engaño afectivo? Si yo llevara a la práctica, exactamente lo que tengo en mi mente, ¿Afectaría mi matrimonio?

Tenemos una cantidad limitada de energía para hacer las cosas que necesitamos que hacer día a día. Pero si usamos esa energía, invirtiéndola en personas externas que solo nos ocupan tiempo, pero que nada aprovechan, y no sacamos tiempo para nutrir y fortalecer nuestra relación matrimonial, nos encontraremos en el camino hacia el deterioro.

¿Puede un hombre casado tener una "Mejor Amiga" con la que comparte todo? Y, ¿Puede una mujer casada tener un "Mejor Amigo" al cual le cuente todas sus cosas?

Hay mujeres que prefieren establecer amistades solo con hombres, porque consideran que, no va a existir la envidia, el chisme, la traición, ni las rivalidades como a veces suele suceder entre mujeres. Y también hay hombres que prefieren establecer amistades solo con mujeres porque se sienten más seguros de sí mismos, y no tienen que competir constantemente como suele suceder entre hombres. Pero, ¿puede existir una amistad plena, limpia, transparente y natural entre un hombre y una mujer sin que exista de por medio algún deseo sexual? (Este no es el caso de la relación entre un profesor y alumna, o entre compañeros de trabajo, o compañero de escuela. Estoy refiriéndome a una persona que consideramos como amigo(a) cercano, con la cual hablamos frecuentemente, hacemos participe de nuestros problemas, con la cual tenemos confianza al punto de tratar asuntos íntimos) ¿Puede ser posible que la mujer no sienta la tentación de querer llamar la atención de su amigo? ¿Puede ser posible que el hombre no sienta la tentación de querer conquistar a la amiga? ¿Puede ser posible que ambos no sientan la tentación de querer seducirse?

Cuando comencé a escribir este libro, tuve la oportunidad de hacer una encuesta a 300 personas casadas de alrededor del mundo, de los cuales el 90% confesó haber sido infiel emocionalmente con sus "mejores amigos". Y el otro 10% simplemente dijo no tener amigos cercanos, que simplemente todo lo compartían con su pareja. ¿Será que los hombres sólo pueden ver a las mujeres sólo como mujeres, y que el impulso sexual sea lo que los atraiga hacia ellas, aunque la relación después termine en otra cosa? ¿Acaso la amistad es el resultado de un romance frustrado, pero esperanzado, que se guarda en el corazón, aunque no se lo diga? ¿Por qué se dice constantemente que los hombres y las mujeres no pueden ser simplemente amigos, sin que detrás de eso haya un interés sexual?

El hombre y la mujer presentan características diferentes y manifiestan conductas diferentes de acuerdo a su naturaleza. Mientras que el hombre se estimula sexualmente por la vista (necesita ver para excitarse), la mujer se estimula sexualmente por el oído y el tacto (necesita escuchar y sentir caricias). Por ende, no ha de extrañarnos que, las "mejores amigas" de los hombres sean mujeres hermosas y físicamente atractivas para ellos, ya que, al primer contacto de estos, se activa inconscientemente su naturaleza seductora, pero que, al disparar y no dar en el blanco, como le sigue gustando, prefiere mantenerla bajo el perfil de la amistad. Y es que, la amistad tiene su propio proceso, no se da de un día para otro. Quedas como amigo íntimo de una mujer después de que has tirado todos los anzuelos, has apostado todas las cartas y ha quedado claro que entre ustedes no va haber sexo. Tampoco ha de extrañarnos que los "mejores amigos" de las mujeres sean hombres con las que ellas se sienten cómodas, que las escucha, las aconseja, quizás no son muy atractivos físicamente, pero son buenos con las palabras o las caricias y los abrazos. Y es que, al primer contacto de ellas, se activa su naturaleza seductora de querer llamar la atención y recibir amor. La amistad íntima entre dos personas del sexo opuesto funciona como un romance donde nos sentimos cómodos con el otro y compartimos cosas en común. Por eso es que se fortalece el lazo afectivo. Y es que, el matrimonio debiera ser la unión entre dos "mejores amigos", donde surge la atracción, la amistad, el romance, el compromiso y la relación sexual. Pero, ¿qué pasa cuando en medio de una "amistad" entre dos personas donde se ha quedado claro que no habrá sexo ni compromiso social, uno de los dos se casa?

No es bueno mantener una amistad cuando se sabe que hay un deseo y, un interés sexual de por medio. Y mucho menos jugar con los sentimientos y emociones del otro, dándole esperanza para retenerlo. Pero como seres humanos nos encanta retener, porque una vez que nos sentimos amados y deseados por alguien, se crea un sentimiento de propiedad al cual no queremos renunciar. ¿A qué mujer no le gusta tener un amigo al que sabe que, siempre estará ahí a su lado para apoyarla y consolarla, y que está dispuesto a hacer cualquier cosa para verla feliz? Ella sabe que el hombre se muere por ella y que la ama, pero le esquiva los dardos para mantenerlo amarrado. ¿A qué hombre no le gusta tener una amiga que lo atiende como un príncipe, que le infla el ego y lo hace sentir el mejor del mundo? Pero, aunque ella no quiere sexo, el, la mantiene a su lado con la esperanza de que algún día ella cambie de parecer y decida regalarle una noche de placer. Este romance encubierto funciona hasta que uno de los dos decide comprometerse amorosamente con otro. Entonces el amigo(a) se siente traicionado en la relación porque ahora el tiempo quedará dividido con el novio(a).

Cuando en la vida del hombre que tiene una "amiga", aparece la novia/esposa, surgen celos y rivalidades entre las mujeres. ¿Por qué? Porque si antes hablabas todo el tiempo con tu amiga, ahora empiezas a hablar todo el tiempo con tu novia. Si antes salías a cenar, a bailar, a divertirte con tu amiga, ahora lo haces con tu novia, y cuando sales con tu amiga traes a tu novia contigo, lo que genera cierta incomodidad porque ya no puedes ser atento ni coqueto, ni tener las conversaciones de doble sentido como lo hacías antes con tu amiga porque le debes respeto a tu novia. Poco a poco la amiga va sentir que su amor está siendo reemplazado y de una manera consciente o inconsciente intentará recuperar su espacio llamando su atención. Y es que, ninguna mujer va a renunciar al amor de un hombre después que se ha sentido importante en la vida de ese hombre. Es algo como: "No me gustas como hombre, no quiero tener sexo contigo, pero me encanta que te sientas atraído y seducido por mí. Me encanta ser el centro de tu atención, me encanta saber que ante tus ojos yo seré hermosa, y que tu estarás ahí con los brazos abierto dispuesto a socorrerme cada vez que lo necesite". No todas las mujeres somos así, pero si, la gran mayoría. Y los hombres también funcionan en una manera similar, pero en un sentido diferente.

Ahora bien, admitir que la amistad entre el hombre y la mujer es imposible sin que haya deseo sexual, sería un poco extremista y, tendríamos que deshacernos de todos nuestros amigos una vez que nos casemos. Pero eso no es así del todo. Todavía existen relaciones saludables las cuales creamos con los amigos de la infancia con los cuales crecimos en el vecindario y en la escuela, esos amigos que formamos cuando todavía estábamos en nuestra inocencia, aprendiendo y explorando el mundo. Cuando todavía no habíamos entrado a la pubertad, ni nuestros impulsos sexuales estaban a flor de piel. Usualmente esos son los amigos sinceros y más sanos que a lo largo de nuestra vida podemos tener sin tener que experimentar el deseo sexual, porque más que amigos los tenemos como parte de nuestra familia. Y, aun así, todavía puede existir la tentación de algún coqueteo o seducción. Y es que, la amistad cercana entre dos personas donde hay atracción debiera ser solamente para la pareja y el marco del matrimonio. Y la amistad cercana entre dos personas donde no hay atracción debiera ser solamente para la familia, o esas personas que concebimos como nuestra familia.

¿Cuándo estamos hablando de una amistad plena, sincera y limpia? Cuando yo pueda dormir en la misma cama con el otro sin la necesidad de tener sexo con él. Cuando yo pueda salir en el mismo carro con el otro sin tratar de provocarlo sexualmente. Cuando yo pueda ir de vacaciones con el otro sin sentir la necesidad de seducirlo. Cuando yo pueda abrazar al otro sin tener excitación sexual. Cuando yo pueda estar desnuda frente al otro sin sentir el deseo sexual. Entonces, si el otro no me despierta interés, atracción, ni motivación sexual estoy hablando de una plena amistad. Ese es el tipo de relación que usualmente tenemos con nuestros hijos, nuestros padres, nuestros hermanos y miembros de la familia. Pero si estoy casado(a) y tengo una "mejor amiga" que me despierta todos estos deseos, entonces estoy viviendo en el mar de la Infidelidad Emocional. No te engañes. No puedes andar con una persona en una relación de supuesta "amistad" donde existe un deseo sexual cuando estas comprometido en un matrimonio. El adulterio en el corazón destruye tu integridad y corrompe la relación.

¿Por qué no se deben tener "mejores amigos" cuando se está en una relación matrimonial?

Fíjate que estoy usando el término "mejores amigos", en ningún momento he dicho que los casados no deben tener amigos. La vida social en un área de la vida que debemos tener activa con o sin pareja, y forma parte de nuestro crecimiento y desarrollo personal. Es saludable y muy necesario que tengamos amigos, y amigos en abundancia; pero me estoy refiriendo a los llamados "mejores amigos", esos a los cuales nos hemos pegado y hemos generado dependencia emocional que, de cierta manera afecta nuestra relación matrimonial.

1- Tener "mejores amigos" obstruye en cierta medida la unidad psicológica de la pareja.

Porque cuando uno de los dos miembros de la pareja tiene un problema, inmediatamente acude a su "mejor amigo" para pedir ayuda ya que le confía casi todo, evita que su cónyuge sea participe también de sus problemas y lo sitúa en el último lugar. Quiere decir: que el cónyuge es el último que se entera, y se entera ya, cuando el problema ha sido resuelto. Sin embrago los amigos generales no intervienen en los asuntos matrimoniales, y si así, resultara el caso, entonces seria bajo el consentimiento de los dos miembros.

2- Tener "mejores amigos" puede influenciar tu matrimonio de manera negativa.

Porque puede generar celos y conflictos debido a las atenciones, regalos y tiempo que inviertes. Estas con tu esposa en una noche romántica y tu amiga te llama que tuvo un accidente, inmediatamente sales corriendo a ayudarla porque siempre has estado ahí para ella. ¿Cómo se queda tu esposa? Seguramente molesta y resentida. Estas con tu amiga cenando, y de momento te llama tu esposa que tiene una sorpresa para ti y que le urge que llegues a casa lo más pronto posible. Inmediatamente sales corriendo de la emoción. ¿Cómo se queda tu amiga? Seguramente molesta y celosa. Y es que, aunque no te lo diga, los celos de saber que tu amor está siendo compartido con otra son evidentes. Por eso no ha de extrañarnos que en casos como estos el final sea el divorcio o la ruptura de la relación con la otra.

3- Tener "mejores amigos" puede generar un cambio en los afectos.

Recordemos que, uno de los dos se acercó al otro por atracción o por interés. Que la amistad es la antesala del Amor, que el roce y las experiencias vividas hacen que nos complementemos más. Y en muchas ocasiones como se ha visto, al comparar a la amiga con la esposa, encontramos que la amiga es talentosa, exitosa, libre, y claro, como está soltera, tiene la libertad para hacer lo que quiera y eso excita. Entonces terminamos por admirarla y respetarla más que a nuestra pareja, la cual también tiene buenas cualidades pero que no nos damos cuenta. Y de manera no intencionada comenzamos a enamorarnos (eso es, si ya no estábamos enamorados antes de casarnos).

4- Tener "mejores amigos" puede crear múltiples conflictos en la relación.

Porque cuando la esposa y la amiga no se llevan bien, hay celos, rivalidad, reclamos, comparaciones y contiendas; una va a querer intervenir en la vida de la otra e intentará desestabilizar la relación. Y tu sentirás que estas contra la pared con un corazón dividido cuando una de las dos te diga: "escoge, o ella o yo". Los seres humanos somos territoriales y nos gusta marcar nuestro espacio. Y es difícil para dos mujeres compartir a un hombre, aunque una lo tenga en lo sexual y la otra en lo emocional. y es que el matrimonio es de dos, no de tres, por lo que el tercero debe salir sobrando. Los hombres también sienten celos cuando sus esposas tienen un "amigo", y más si este es muy atractivo. Tanto hombres como mujeres se sienten amenazados cuando un tercero invade la relación y esto puede ocasionar múltiples conflictos en la pareja.

¿Cómo establecer relaciones saludables?

Establecer relaciones saludables trae mucho beneficio al matrimonio, siempre y cuando, se respeten los límites establecidos en la pareja. Las relaciones con otras personas nos ayudan a mantener un estado emocional sano, y nos permiten incrementar nuestras habilidades sociales. El hecho de que no es recomendable que los cónyuges tengan "amigos confidentes", no limita la necesidad de los cónyuges a compartir con ciertos grupos. A continuación, algunas sugerencias de cómo establecer estas relaciones saludables con terceros:

-   Evita salir a solas con personas del sexo opuesto, especialmente si esa persona te atrae. Procura siempre que tu pareja este presente y pueda acompañarte; sino, pospón la cita.

-   Incluye a tu pareja en tu círculo de amistades. No necesariamente debe estar en todos los eventos que tienes con tus amigos, pero es importante que tu pareja sepa quiénes son las personas que te rodean y con las cuales interactúas.

- Cuida la manera en que te expresas de tus amigos. Evita hablar mucho de tu "amigo" constantemente en frente de tu pareja. Porque pensará que tu solo tienes ojos y piensas en el(a), ya que mientras más hablas, más cariño, amor y apego le tomas.

- Relaciónate con otros matrimonios que tengan principios y valores. Cuídate de esas personas que tienen un historial de infidelidades y de haber interferido en otras relaciones.

- Evita las comparaciones entre tu cónyuge y tu "amigo". Si tu amigo te atiende mejor a ti, de como lo hace tu pareja, no se lo eches en cara. Resuelve las cosas tú con él a solas, y dile lo que no te gusta.

- Nunca le cuentes tus problemas matrimoniales a tus amigos, ni en chiste. Tus problemas matrimoniales son tuyos y de tu pareja, y les toca a ustedes resolverlos juntos.

- En tu círculo íntimo no incluyas personas que te atraigan físicamente, o personas que tú sabes que están interesadas en ti, esto sería como caminar en la cuerda floja.

- En tu círculo íntimo no incluyas personas con las que has tenido algún romance en el pasado, ni personas con las que has tenido sexo, aunque haya sido solo una aventura de una noche. Esto podría despertar nuevamente el deseo.

- Evita las visitas y salidas frecuentes con estos terceros. A veces en bueno minimizar un poco el contacto físico sin dar la impresión de querer desaparecer del todo. Es cuestión de poner límites.

- No hagas cosas que parezca que tienes interés amoroso en tu "amigo", hacerle regalos o llevarla de compras. Si es posible pídele a tu pareja que lo haga por ti o contigo.

- Cuidado con las visitas de tus amigos del sexo opuesto cuando estas solo en casa. Es mejor esperar a que tu pareja llegue y estén los dos juntos, o que haya otro miembro de la familia presente para evitar malos entendidos.

- Es recomendable que, tus amigos más íntimos sean personas felizmente casadas con relaciones saludables y estables.

- Si a tu pareja no le cae bien a tu "amigo", indaga la causa y resuelve el problema de la mejor manera posible, pero no optes por pelear por ello, ni hacerlo la tercera guerra mundial en casa.

Poner medidas, establecer límites, crear barreras y respetarlos no solo traerá paz y estabilidad a la relación, sino que creará un ambiente de fidelidad y confianza. Todos sabemos cuándo alguien está interesado(a) en nosotros. Y todos sabemos cuándo alguien nos atrae y nos excita. Por eso, poner pautas y distancia con las personas que pueden hacernos deslizar no solo es saludable, sino lo correcto.

Capítulo 3
"Causas de la Infidelidad Emocional"

Pensamiento:
"No podemos culpar a otros por nuestras propias faltas. Aunque ciertos eventos suceden en nuestra vida con propósitos específicos. Cada uno de nosotros somos responsables por las decisiones que tomamos ante ellos".

¿Por qué una persona es infiel? ¿Qué lo motiva? ¿Qué hay detrás de su conducta? ¿Tiene implicación el cónyuge también? ¿Necesidad? ¿Deseo? ¿Satisfacción? ¿Egoísmo?

La Fidelidad es la decisión de conectar espiritual, psicológica o físicamente con mi cónyuge . Y la Infidelidad es la decisión de desconectar espiritual, psicológica o físicamente con mi cónyuge . Tanto la fidelidad como la infidelidad son decisiones. Existen muchas razones para ser infiel. Y todas ellas pertenecen a tres grandes grupos de nuestro ser: Espíritu, Alma y Cuerpo. Las causas espirituales para la infidelidad emocional radican principalmente en la falta de identidad propia. Por ende, el individuo buscará crear una identidad por medio de la pareja, pero cuando esa necesidad no queda satisfecha, intentará establecer su identidad con alguien más. Las causas psicológicas para la infidelidad emocional radican principalmente en la falta de comunicación, o en la comunicación deficiente en la pareja. También en la falta de atención y afecto, por ende, uno de los dos intentará buscar fuera lo que no encuentra dentro. Las causas físicas para la infidelidad emocional radican principalmente en la falta de satisfacción sexual, por ende, uno de los dos buscará la manera de encontrar esa gratificación externamente.

Existe la tendencia a pensar que la persona infiel es la única responsable de todo. Pero la infidelidad es la consecuencia de una crisis matrimonial donde intervienen dos personas, así que ambos tienen su parte de culpa en esta crisis. La infidelidad es la falta de conexión en un área que esta fallando. Así que, nuestra responsabilidad es buscar esa área y repararla. Cuando vamos a la playa en el verano, tenemos el 100% de probabilidades de quemarnos la piel por la exposición al sol, pero si tomamos medidas como usar bloqueador solar, estar debajo de una sombrilla, o usar sombrero y ropa de mangas largas, las probabilidades se reducen a casi nulas. De igual forma sucede en el matrimonio. Tenemos el 100% de probabilidades de ser infiel por múltiples razones, pero si tomamos ciertas medidas, esas probabilidades se reducen a casi nulas. Mientras más áreas de nuestra vida queden llenas y satisfechas en la vida matrimonial, menos razones ni excusas habrá para ser infiel.

Después de entrevistar a 300 personas casadas, de escuchar sus historias de infidelidades, y de analizar las consecuencias que eso les trajo a sus vidas y a sus relaciones; a continuación, veremos una lista de las causas que según ellos son las razones por las cuales una persona puede ser infiel:

1- Falta de identidad propia.

2- Falta de propósito y sentido de pertenencia.

3- Ignorancia e inmadurez.

4- Falta de principios éticos y morales.

5- Vacío emocional.

6- Inseguridad.

7-   Desorden de personalidad.

8-   Falta de compromiso matrimonial.

9-   Baja autoestima.

10- No saber decir que no a una propuesta.

11- Falta de atención y reconocimiento.

12- Deseo de llamar la atención para aumentar el ego.

13- Necesidad de ser tomado en cuenta.

14- Confusión.

15- Decepción del cónyuge porque no resultó ser lo que yo pensaba.

16- Exceso de control en la relación (falta de libertad).

17- Celos por el éxito del cónyuge. .

18- Falta de comunicación o comunicación deficiente.

19- Muchas peleas (diferencias culturales).

20- Falta de confidencialidad (mi pareja no guarda mis secretos).

21- Para escapar de los problemas y evitar un divorcio.

22- Curiosidad.

23- Patrones aprendidos desde la infancia.

24- Abusos sexuales y adicción.

25- Venganza.

26- Falta de atractivo y cuidado personal.

27- Insatisfacción sexual.

28- Violencia doméstica.

29- Crisis de la edad madura.

30- Deseo de gratificar los sentidos.

A continuación, analizaremos todas estas razones con claridad, y aunque existen otras razones más, para desconectarse de la pareja y buscar esa conexión en otra persona, nos enfocaremos en la lista brindada por los participantes durante la investigación y usaremos parte de sus experiencias vividas.

1- Falta de identidad propia.

No hay nada más triste que ir por la vida perdidos sin rumbo, sin saber quiénes somos y hacia dónde vamos. Vivir desconectados de nosotros mismos sin saber nuestra esencia, nuestra fuente, nos hace vivir desconectados de todo lo que nos rodea. Y es que, la única manera de poder aceptar al otro es cuando somos capaces de aceptarnos a nosotros mismos, la única manera de poder amar al otro es cuando somos capaces de amarnos a nosotros mismos, y la única manera de conectar con el otro es cuando somos capaces de poder conectar con nosotros mismos, y esa conexión solo es posible cuando nos conectamos con Dios, y en otros casos, como dicen algunos, cuando se conectan con el universo. Porque ahí está el origen de todo. Si no nos conectamos con Dios, ¿Cómo vamos a poder conectarnos con lo que fue creado por Dios? La falta de identidad propia hace que intentemos crear una identidad por medio de la pareja, pero, como somos seres individuales, nadie va a darte tu propia identidad, eso es algo que debes buscar por ti mismo, pero, eso puede hacer que una persona salte de relación en relación intentado hallar la razón de para que esta en este mundo. Recuerdo un hombre que constantemente buscaba una "mujer rescatadora de hombres desvalidos" que se hiciera cargo de él y que le diera un sentido a su vida. Cada vez que este señor se encontraba con una pareja, al principio todo iba bien, pero pasado un tiempo la relación daba un giro en declive, y el reemplazaba a su pareja por otra (aun estando en la misma relación), por la sencilla razón de que ella no llenaba su vacío de identidad. Y es que, las relaciones no son para que el otro me dé y me haga feliz, las relaciones son para compartir la felicidad que ya yo tengo con el otro.

2- Falta de propósito y sentido de pertenencia.

¿Con qué propósito nos casamos? ¿Para qué nos casamos? ¿Por qué nos casamos? El propósito es fundamental para mantener la relación estable encaminada hacia una dirección. Y el sentido de pertenecer al otro (sin perder la libertad propia), de pertenecer a una familia, de pertenecer a una meta en común, hace que la persona defienda sus valores e ideales. Cuando en el matrimonio no hay propósito, ¿Por qué y para que están juntos?, ¿nos pertenecemos? ¿pertenecemos a una familia?, y cada quien está por su lado, cada quien tiene su mundo aparte, aunque convivan en la misma casa, cada quien tiene un propósito diferente, o simplemente no tiene propósito; la relación matrimonial es una relación hueca, sin sentido, y sin rumbo. Recuerdo una mujer que durante la entrevista me dijo: "yo me casé porque quedé embarazada, no me casé por amor. De hecho, me casé bien joven, pero nuestro hijo murió 3 semanas después de nacer. No le encuentro el sentido a mi matrimonio, lo que nos unía que era nuestro hijo, ya no está; entonces, ¿para que seguimos juntos? Yo pertenecía a él, mientras mi hijo estuviera con vida, pero, al no estar, no tenemos nada en común, no nos pertenece nada." Aunque seguían juntos, porque ella tenía miedo de enfrentar la realidad, y tenía miedo de empezar una vida sola después de la pérdida de su hijo; su alternativa de felicidad era chatear en las redes sociales con unos "amigos" de manera coqueta, sensual y provocadora, para, según ella, levantar su autoestima.

3- Ignorancia e inmadurez.

El matrimonio no es para todo el mundo. El matrimonio es principalmente para personas sanas, maduras y responsables. Pero como no existe una regla, ni un patrón, ni un test psicológico obligatorio impuesto por la sociedad antes de casarse, desgraciadamente muchas personas toman esta decisión sin estar preparado para ello. La ignorancia de no saber qué debo hacer en el matrimonio, y cómo debo respetar los principios y valores, más , la inmadurez de manifestar un carácter débil porque no tuve el tiempo necesario para desarrollar una personalidad fuerte antes de empezar a construir una vida con alguien, hacen que mi relación caiga. ¿Por qué? Porque si no he construido fuerza conmigo mismo, ¿Cómo voy a construir fuerza con alguien más? Si no he construido valores conmigo mismo, ¿Cómo voy a construir valores con alguien más? Si no he construido carácter conmigo mismo, ¿Cómo voy a construir carácter con alguien más? Y si no he construido madurez conmigo mismo, ¿Cómo voy a construir madurez con alguien más? Todo parte de adentro hacia afuera, todo empieza por mí, desde mi conocimiento y madurez…. Pero si no tengo eso ¿Cómo voy a crear una vida con alguien más? Recuerdo un muchacho que me decía que, cada vez que se reunía con sus amigos, se ponían a ver pornografía, a hablar de sus experiencias sexuales de sus esposas y a tener video llamadas con otras mujeres. Según el, eso era normal, pues como todo el mundo lo hace y no había contacto físico con esas otras mujeres, no veía la razón de ningún problema, y, por otra parte, aunque a veces se sentía mal por lo que hacía, él no tenía la madurez suficiente para ponerle un stop, y decirles a sus amigos que no quería participar más en esos encuentros, porque no quería perder la amistad con ellos, ni tampoco quería que lo tildaran de idiota. Y es que, las personas inmaduras tienen la tendencia a tomar decisiones por impulsividad o por influencias de otros sin pensar en los riesgos. Y hacen que su vida y sus acciones estén basadas en las opiniones ajenas.

4- Falta de principios éticos y morales.

¿Quién no sabe que en la vida matrimonial los principios de ética y moral incluyen la fidelidad y la exclusividad? Por algo decimos durante la ceremonia de bodas: "prometo amarte y serte fiel en las buenas y en las malas" ¿Qué pasa con esa promesa? ¿Acaso decimos eso solo porque es parte de la rutina de la ceremonia, pero no lo decimos de verdad? Y es que, en un mundo donde nos dejamos influenciar por los criterios de los presentadores de los programas de tv, radios, páginas de internet y amigos en redes sociales, terminamos mirando el mundo a través de otros ojos. Donde nos enseñan que debemos satisfacer nuestros deseos personales sin importar ni tomar en cuenta los intereses de los demás. Eso, quizás aplicaría para solteros, pero no para los casados. Cuando estamos en pareja los intereses son en conjunto, y debe existir la ética en la relación para cuidar esos intereses. Recuerdo un muchacho me dijo: "todos los compañeros de mi clase de la escuela que ya están casados tienen amantes, y siguen con sus esposas. Eso hoy en día es normal. El único estúpido que no tiene soy yo. No veo nada de malo en que yo también consiga una para mí, al final todo el mundo lo hace, incluso las mujeres, aunque se hagan las locas diciendo que no". Yo le dije: ¿Y por qué tú tienes que ser igual a todo el mundo? ¿Por qué no puedes ser diferente? ¿Por qué no puedes ser tú? El que ellos no tengan principios morales en sus relaciones no significa que tu tengas que ser igual a ellos. Tu puedes marcar la diferencia y enseñarles con tu ejemplo… (nunca más supe de él).

5- Vacío emocional.

El vacío emocional ocurre por la falta de admiración, atención, valoración y apoyo. Principalmente se da en personas que han crecido con la ausencia de los padres o que han sufrido una pérdida afectiva a una temprana edad, o que tuvieron una deficiente relación con sus progenitores durante la infancia. También cuando la pareja no se nutre emocionalmente, uno de los dos intentará buscar fuera lo que falta dentro. Recuerdo una mujer casada que tenía problemas de infidelidad porque le costaba decir que no, y no podía rechazar las propuestas. Ella había crecido sin su padre, e inconscientemente intentaba llenar ese vacío emocional del amor paterno que no tuvo de niña con el amor de los hombres. Se había casado buscando satisfacer su necesidad, pero, encontró que no era suficiente. Y es que, a veces pensamos que con el matrimonio resolveremos todos nuestros problemas, y arreglaremos nuestros defectos. Y para nuestra sorpresa, encontramos que, en vez de solución encontramos más problemas. Porque el matrimonio es una responsabilidad más que debemos asumir, y todo lo que no arreglemos antes de casarnos, aumentará después de casarnos.

6- Inseguridad.

La inseguridad crea un desbalance en la relación porque la persona atrapada en el temor tiende a caer en tres extremos peligrosos: o se aísla, evitando relacionarse con su cónyuge , o desarrolla una excesiva arrogancia como protección, o se vuelve controlador y dominante para evitar el abandono. Esto genera una angustia en la pareja porque no sabe cómo lidiar con esta situación, no sabe si acercarse para dialogar, o si alejarse para no salir herido. Una señora en una situación como esta, salió a buscar ayuda profesional porque no sabía qué hacer con su esposo que sufría de inseguridad en la relación. Tuvo varias secciones con un psicólogo, el cual escuchaba atentamente su caso, permitiéndole desahogarse de toda su angustia. La falta de comprensión por parte del esposo, hizo que ella despertara atracción y deseo sexual hacia su terapeuta, lo cual le provocó una gran confusión y tuvo que abandonar su terapia. A veces la inseguridad de nuestro cónyuge nos produce una desestabilización emocional, donde en nuestra desesperación por buscar ayuda, terminamos enredándonos emocionalmente con la otra persona que nos atiende.

7- Desorden de Personalidad.

Muchas personas sufren de desorden de personalidad o trastornos de la personalidad, como lo suelen llamar. Las estadísticas son alarmantes y cada año aumentan los grupos de personas con trastornos. Es difícil sobrellevar un matrimonio con una persona histriónica, narcisista, obsesiva-compulsiva o antisocial, solo por mencionar algunos ejemplos. Cuando se convive con una persona con desorden de personalidad, la pareja sana termina por desarrollar otros problemas psicológicos también, y en su lucha por la supervivencia afectiva puede caer en la infidelidad emocional. Para el cónyuge que sufre de trastorno como son el narcisista o el histriónico, por naturaleza buscará llamar la atención de otras personas, y de ser posible, jugara con los sentimientos ajenos para su satisfacción egoísta y egocéntrica. La persona que no tiene una mente sana, sencillamente no podrá tener relaciones sanas. Y cuando no hay conexión emocional en la relación, la búsqueda por encontrar esa conexión será inminente sin importar el costo. De ahí, no ha de extrañarnos que, la mayoría de los matrimonios donde los miembros presentan trastornos psicológicos terminan en divorcio.

8- Falta de compromiso matrimonial.

¿Por qué nos casamos? ¿Embarazo? ¿Estatus social? ¿Posición económica? ¿Estatus migratorio? ¿Miedo a la soledad? ¿Solo por sexo? ¿Negocio? Quizás todas estas serían las respuestas razonables por la falta de compromiso matrimonial. Porque en ningunas de ellas se incluye el amor, sino intereses para un beneficio personal. ¿Cómo es posible que estamos en un matrimonio y no estamos comprometido con él? Esa fue mi pregunta a una muchacha que, sostenía relaciones amorosas por medio de la internet con un amigo de la infancia que había encontrado en las redes sociales. Esta muchacha estaba casada desde hace 3 años con un hombre, según ella, solo por papeles para obtener un estatus migratorio legal, pero que no estaba enamorada. Y su deseo era que, en cuanto recibiera sus documentos, se divorciaría y se casaría con su amigo, al que si amaba. ¿Te suena esto familiar? En un mundo donde tomar decisiones y no hacerse responsable de ellas, aumenta, el amor y el compromiso se extinguen cada vez más.

9- Baja autoestima.

La persona con baja autoestima constantemente se encuentra viviendo en la negatividad. Y puede caer en una depresión profunda hasta llegar al suicidio. La negatividad es una forma de maltrato psicológico en la relación, donde nada de lo que hagas será suficiente para complacer al otro, ni lo alegrará; creando así, una sensación de impotencia por los esfuerzos frustrados. La persona con baja autoestima puede estar rodeada de sus seres queridos, de todas las cosas que le gusta y aun así sentirse sola. ¿Pero, cómo vas a sentirte sola con tu familia y pareja al lado? Esa fue mi pregunta a un señor de avanzada edad, que, a pesar de sus años de matrimonio, no era feliz, y según él, nunca lo fue. Su esposa era una señora educada, con negocios y muy emprendedora; y el, no tenía los talentos que se requería para estar a la altura de ella. Esto le provocó baja autoestima, porque cada vez que se reunía con amigos, los logros de su mujer eran celebrados por todos y nadie lo valoraba a él. Para saldar este problema, se creó un perfil falso en la internet, asumiendo el papel de un hombre importante para conquistar a las mujeres y cuando alguna le pedía tener un encuentro porque se encantaba con su perfil, las dejaba para no mostrarse tal y como era, y se buscaba otra. De esta manera recibía elogios, respeto y la admiración que, según él, no tenía.

10- No saber decir que no a una propuesta.

Te encuentras en la calle con una persona atractiva. Te pide tu número de teléfono. Te comienza a enviar fotos provocativas y te pide que hagas lo mismo. Tu matrimonio está funcionando bien. No hay problemas en la relación. No tienes intereses amorosos con esa persona. Entonces, ¿Por qué cedes? ¿Por qué das pie a que se crea el problema? ¿Por qué no sabes decir que no? ¿por qué respondes para atrás haciendo lo mismo, sabiendo que está mal, y que puedes terminar enredándote sentimentalmente con esa persona? No saber decir que no a una propuesta sabiendo que eso te puede llevar al precipicio es debilidad de carácter. Y se requiere de un carácter fuerte para sostener un matrimonio.

11- Falta de atención y reconocimiento.

Mujeres que se sienten poca cosa porque no trabajan y siempre están en casa, mientras que, sus esposos están sosteniendo la economía del hogar. Hombres que se sienten inferiores porque tienen esposas profesionales cuyas carreras les permite tener mayor estatus social y mayor entrada económica que ellos. Cónyuges que, sienten que, son alguien por su pareja, pero solos no son nada (ejemplo: soy la esposa del doctor ___, soy el esposo de la cantante ___, mi marido es el dueño de la empresa___). ¿Qué pasa cuando estas personas reciben atención y reconociendo de otra persona? Esa necesidad de valoración satisfecha, hace que sus emociones se conecten con esa otra persona, porque les está llenando una carencia. Por la sencilla razón de que ese alguien los está reconociendo por lo que son ellos mismos.

12- Deseo de llamar la atención para aumentar el ego.

En este punto estamos ante una persona egoísta, con trastornos mentales que solo quiere llamar la atención del sexo opuesto para aumentar su ego. Este fue el caso de un hombre que, le gustaba lucir bien, se compraba ropa cara, hacia ejercicio todos los días para fortalecer los músculos y que las mujeres se fijaran en él, y le gustaba coquetear y enamorar sólo por pura diversión. A pesar de que estaba casado y con una bella familia, le gustaban las aventuras amorosas emocionales, y disfrutaba seducir a las mujeres para luego dejarlas con el corazón roto. Y es que, en la niñez recibió rechazo por parte de su madre, por el cual sufría mucho. Y como método de venganza jugaba con los sentimientos de las mujeres para sentirse que en cierta manera él podía tener el control de todo, incluyendo el control de las emociones. A veces la infidelidad emocional es causada por orgullo y diversión. Por el simple placer de usar a los demás para llenar las carencias afectivas y para hacer crecer el ego.

13- Necesidad de ser tomado en cuenta.

¿Nadie te escucha cuando hablas? ¿Sientes que tu opinión no vale? ¿Qué a nadie le importa lo que piensas? ¿Toda conversación termina en una pelea? ¿Necesitas hablar, pero no tienes con quién? ¿Tu cónyuge te contradice en todo cuanto dices y en todo cuantos haces? ¿Tu voz no cuenta? La necesidad de ser tomado en cuenta en la relación sin que el otro coopere, hace que desesperadamente uno busque un oído paciente que lo escuche, un corazón tranquilo que no lo juzgue, y unos brazos dispuestos a dar abrazo y apoyo incondicional. Y de sentir que: "mi voz, mi voto cuenta, lo que yo pienso, lo que yo digo, es valorado, analizado y apreciado". Esas fueron las palabras de una joven, cuyo esposo criado en una cultura machista solo dictaba ordenes en casa y esperaba que ella obedeciera sin hacer la más mínima objeción en contra. Ella se sentía como un objeto manipulado que solo era usado al antojo, pero sin voz propia. Esto la llevo a idealizar un amor romántico en su cabeza con su cuñado, el cual le duro años y mucho trabajado eliminar.

14- Confusión.

¿Lo amo, o no lo amo? ¿Me quiere o no? ¿Necesitamos un tiempo? ¿Habré tomado la decisión correcta cuando me casé ? ¿Realmente es esta la persona para mí? Desde el momento en que dudas hay problemas. Porque el que ama y está bien, no duda. La confusión es un estado de desorden mental causado por la mezcla y la incoherencia de las cosas. La persona navega entre dos corrientes que no están claras lo cual le genera indecisión. En tiempos de confusión, la vida matrimonial tiende a perder significado dificultándole el camino a los individuos en la toma de decisiones. A veces en esa búsqueda por la verdad, aparece en nuestra vida un tercero que aclara y despeja nuestra mente, y es ahí donde nos enredamos emocionalmente sin siquiera planificarlo. Y es que, cuando hay confusión en la pareja es importante buscar una solución juntos y resolver todas las dudas.

15- Decepción del cónyuge porque no resultó ser lo que yo pensaba.

Cuando la persona con la que nos casamos no cumple con nuestras expectativas, aparece la decepción, generando una profunda insatisfacción emocional. El problema está básicamente, en las exigencias que hacemos, en las demandas y normas que establecemos, en la falta de aceptación para con las imperfecciones del otro y en la idealización poco realista que hacemos de su imagen. Esperamos tantas cosas de nuestro cónyuge , que no nos ponemos a pensar que él también tiene defectos, carencias y debilidades. Que mientras más exigimos, más esperamos, más perfeccionismo demandamos, más ideas irracionales y fantasiosas nos hagamos de él; mas decepción y frustración sentiremos y más infelices nos volveremos. Porque nuestra felicidad y realización personal no pueden depender de la perfección del otro. Y de ahí la importancia de tomarse el tiempo necesario para conocerse antes de entrar en la vida matrimonial. Usualmente se recomienda que la pareja pase entre 2-3 años conociéndose antes de casarse para prevenir que estos incidentes ocurran después. Tener expectativas irracionales para medir la calidad de tu matrimonio, te vuelve un ser irracional, que lo único que logra es la distancia emocional en la relación. Y al no renunciar a esas ideas, intentarás buscar en otra persona tu concepto de pareja ideal. De ahí el que muchas parejas no se divorcian, pero son infieles emocionalmente.

16- Exceso de control en la relación (falta de libertad).

El exceso de control en la relación por parte de uno de los miembros, hace que el otro se sienta como si fuera un esclavo que no tiene libertad para decir o hacer conforme a sus derechos. La persona se siente atrapada en una relación donde ve a su cónyuge como el amo que lo gobierna, pero no como el esposo que la ama. Y cuando uno de los dos comienza a sentir miedo por el otro el amor sale volando, por lo que desesperadamente intenta buscar ese amor en alguien más. Ese fue el caso de una señora cuyo esposo le controlaba todo cuanto hacía, a donde iba, con quien hablaba, el tiempo que pasaba visitando a su familia, e incluso el dinero que gastaba. Ella se sentía ahogada en un mundo de exigencias y vigilancia total viviendo como prisionera de su propio marido. "¿Cómo voy a amar a quien me hace daño? ¿Cómo voy a respetar a quien no me respeta? El amor no se exige ni se controla, sino que se da libremente, y eso es algo que mi esposo no entiende". – decía una señora-. "¿Y por qué usted no lo deja?" -Le pregunte'- "Porque no tengo el valor de enfrentar el mundo sola. Yo sé que estoy mal, pero sin él puedo estar peor". Como táctica de supervivencia, esta mujer fantaseaba en su cabeza con el amor ideal y lo proyectaba hacia un amigo cercano. A la larga, esto le trajo muchos problemas psicológicos y enfermedades físicas.

17- Celos por el éxito del cónyuge .

Una persona extremadamente egoísta, se vuelve extremadamente celosa, careciendo de valor propio. ¿Matrimonio o Competencia? ¿Equipo o Rivales? ¿Estás conmigo o contra mí? La diferencia entre envidia y celos, es que, la envidia en el matrimonio es cuando el otro tiene algo que yo no tengo (por ejemplo: mi esposo es escritor y a mí me gustaría escribir un libro también, pero no sé cómo hacerlo, y me da envidia cada vez que veo como él publica sus libros. Sus logros me causan enojo), y los celos es cuando los dos tienen lo mismo, pero uno es más excelente y recibe más honores que el otro, y eso al otro le produce ira (por ejemplo: mi esposa es doctora cirujana, y yo soy un simple médico general. Cada vez que ella recibe logros me siento inferior, siento que no soy nada, y me pongo muy celoso. Quiero sobresalir igual o más que ella). Aunque tanto los celos como la envidia producen molestias, las dos tienen manifestaciones diferentes. En la primera hay un anhelo de tener algo que el otro tiene y yo no, y en el segundo caso hay competencia por sobresalir y ser mejor que el otro. En otras palabras, los celos por el éxito del cónyuge es el miedo a perder mis méritos, y mis reconocimientos, debido al ascenso y crecimiento de mi pareja. Los celos excluyen al amor, y por ende la carencia afectiva buscará ser llenada a cualquier costo, aunque eso incluya la infidelidad.

18- Falta de comunicación o comunicación deficiente.

¿Tu esposo se fue a la guerra? ¿Se fue de gira musical por varios meses a otro país? ¿Está cumpliendo misión internacionalista y no regresa hasta el año que viene? ¿Tu mujer se fue a un viaje de negocios por 3 meses y te quedaste solo? ¿Se hablan una vez a la semana? ¿La comunicación con tu pareja es solo por correo y textos, solamente cuando tienen tiempo libre? Nadie se casa para estar solo. La mayoría de las personas se casan para tener compañía. Entonces… ¿Por qué la separación física? Si sabes que no vas a estar ahí presente en la vida de tu pareja. ¿Por qué te casaste? No puedes usar el matrimonio como un convenio de firma de propiedad donde tomas al otro como si fuera un objeto de pertenencia al que luego abandonas. Porque el simple papel legal no te garantizará el amor y la fidelidad de tu cónyuge. El amor se construye. Es como si yo plantara rosas en mi jardín, y luego por el simple hecho de haberlas plantado en mi terreno, las rosas tuvieran la obligación de sobrevivir por si solas. Si yo no las riego con agua y las cuido, las rosas pueden morir por mi falta de atención, y luego yo no puedo venir a reclamarle el por qué te moriste si te compré y te planté. De igual manera sucede con los matrimonios donde la gente se casa y está ausente en la relación porque prioriza su trabajo, sus sueños, y sus metas en la vida, y no hace partícipe a su cónyuge de sus planes, ni tampoco está ahí con ella. Si tu no cuidas tu relación, otro vendrá y la cuidará por ti, eso te lo puedo asegurar.

19- Muchas peleas (Diferencias culturales).

Las peleas en el matrimonio son parte natural de la vida en pareja, siempre y cuando se llegue un consenso con beneficio mutuo. Pero cuando las diferencias de criterios son totalmente incompatibles se establece un combate donde se olvidan que son un equipo, y se vuelven rivales en busca de un ganador. El agresivo piensa que tiene los derechos de anular el criterio del otro, por eso dice palabras como: "Aquí el que manda soy yo". "En esta casa se hace lo que yo diga". "Tú no me puedes contradecir". "El que paga las facturas soy yo, así que tengo el control". Las diferencias culturales tienden a incrementar este tipo de situaciones, sobretodo en culturas con educación extrema como la machista o dictatorial. Los conflictos no resueltos traen mucha insensibilidad a las necesidades del otro, acumulando mucho resentimiento y falta de perdón, y traen separación al matrimonio, una separación espiritual, psicológica y física; abriéndole camino a la infidelidad.

20- Falta de confidencialidad (Mi pareja no guarda mis secretos).

"Todo lo que le digo, ella lo cuenta. Habla con sus amigas de nuestros problemas íntimos. Su familia conoce todos nuestros secretos. No le puedo decir nada porque automáticamente va con el chisme a gritarlo a los cuatro vientos. No puedo confiar en ella. Todo lo habla. Por eso no le digo nada. Se lo merece". Estas fueron las palabras de un hombre cansado de que su mujer publicara todo el tiempo todo cuanto pasaba en la relación. Decidió limitar su conversación debido a la imprudencia de su esposa a hablar solo lo básico. Y por consiguiente se buscó una amiga confidente que si le mantenía en secreto las cosas con total discreción. Amiga de la cual terminó enamorándose y casándose con ella años después.

21- Para escapar de los problemas y evitar un divorcio.

Para algunas personas, conversar, salir a comer, coquetear, hablar de sexo con alguien atractivo de manera candente, es una manera de relajarse y escapar de la rutina y de los problemas presentes. También es una manera de crear un intensivo a su vida monótona. El aburrimiento y la rutina han creado estancamiento, y en la infidelidad emocional han encontrado la respuesta a esa dinámica. "Además, ¿Para qué divorciarme? ¿Eso sería algo muy doloroso con mis hijos de por medio? Me costaría muchas pérdidas económicas y materiales, y sería como empezar de cero". Fue la reacción de una mujer ante una confrontación de su infidelidad emocional. Si hay problemas, resuélvanlos. Busquen una iniciativa para el aburrimiento; pero mantener la relación solo para evitar un divorcio como si fuera un negocio, e involucrar a terceras personas en mis experiencias amorosas emocionales es más catastrófico.

22- Curiosidad.

"Un día estaba frente a mi computadora, cuando de momento recordé las palabras de mis compañeras de trabajo que hablaban sobre sus aventuras cibernéticas. Decidí entrar por curiosidad a uno de esos sitios para saber qué es lo que se sentía experimentar esas emociones. Y sin darme cuenta siquiera, me volví adicta cada vez más, al punto de no poder parar. Actualmente recibo terapia psicológica, también estoy bajo tratamiento médico y aprendí que cuando todo está bien en tu vida, es mejor no intentar desviarse ni por curiosidad, porque la misma curiosidad te puede matar". Fue la reflexión de una señora ante una entrevista sobre parejas. Y es que, a veces no es necesario estar mal para hacer las cosas, la curiosidad de probar, de tratar por primera vez puede ser más que suficiente para empujarnos a ser infiel.

23- Patrones aprendidos desde la infancia.

"Mi papá era infiel y me enseñó que eso era normal en los hombres, y que no causaba ningún problema mientras fuera discreto y nadie lo supiera" – dijo un adolescente. Como seres humanos tenemos la tendencia a repetir patrones y conductas que hemos aprendido de nuestro padres y personas que nos han criado. Aprendemos observando sus ejemplos y también escuchando sus discursos. A veces es necesario analizar todo lo que hemos aprendido, y cambiar lo que esta fuera de los valores éticos y morales, para evitar problemas futuros y no transmitir esos patrones a las futuras generaciones.

24- Abusos sexuales y adicción.

Los abusos sexuales durante la infancia, hacen que un niño se vuelva promiscuo en la adultez. Usualmente las imágenes quedan grabadas en la memoria por un prolongado tiempo, y en la vida adulta salen a relucir al punto que, la persona puede caer en la adicción sexual. La adicción puede verse en dos áreas: en el área física – adicción al sexo, donde la persona busca desesperadamente tener sexo con la primera persona que se le tropiece en su camino; o en el área psicológica- adicción a la pornografía, donde la persona sabe que es incorrecto ser infiel, y, por ende, no busca tener sexo con nadie, pero usa la pornografía para su auto gratificación.

25- Venganza.

"Agarré a mi esposo enviándole sus fotos desnudas a una mujer. Yo también voy a hacer lo mismo para que vea lo rico que se siente ser traicionado. Si él tiene una amiga con derechos, yo también me voy a buscar un amigo con derechos, la cosa tiene que ser pareja para los dos". ¿Cuántas personas no caen en la infidelidad matrimonial por venganza? El deseo de que el otro, sufra lo mismo que yo estoy sufriendo, de que el otro sea herido con la misma arma con que fui herido, de que el otro reciba el mismo impacto que he recibido, lleva a una persona a vengarse emocionalmente. Es importante dialogar y aprender a perdonar, no porque el otro lo merezca, sino para que te liberes tú de esa carga.

26- Falta de atractivo y cuidado personal.

La higiene y el cuidado personal es de vital importancia en la relación matrimonial. Porque no sólo es cuidarte a ti mismo, sino también cuidar a tu pareja; ya que, la mala higiene acarrea infecciones y enfermedades. El sobrepeso también es un factor detonante para la infidelidad, y es que, cuando hablamos de infidelidad por causa del sobrepeso es fácil pensar que la persona solo se fijó en el físico, pero, al descuidar nuestro cuerpo también descuidamos nuestra relación. ¿Por qué? A muchas mujeres se les olvida que el hombre se estimula sexualmente por la vista, y que el necesita ver para entrar en acción, y después se quejan de tener una vida sexual insatisfactoria cuando han descuidado su apariencia personal. He conocido hombres de negocios que van a reuniones y eventos con sus amigas y asistentes porque les da pena llevar a la esposa. Ella no luce bien, según ellos, no está a la altura de la presentación. ¿Pero que, lo más importante no es lo de adentro, lo que está en la mente y en el corazón? La respuesta es No. Todo es importante, lo de adentro, así como lo de afuera. Lo de adentro puede destruir lo de afuera, y lo de afuera puede destruir lo de adentro, todo tiene que estar bien, verse bien y sentirse bien.

27- Insatisfacción sexual.

La insatisfacción sexual puede ocurrir por múltiples factores, incluyendo el no saber cómo funciona el cuerpo, no saber lo que le gusta y lo que no le gusta en el acto sexual, el no educarse sexualmente. Una persona insatisfecha sexualmente en su vida matrimonial, sentirá el deseo de buscar y aprender sobre sexo en fuentes equivocadas, lugares equivocados y con personas equivocadas. Otra causa de la insatisfacción sexual es la abstinencia por un embarazo o la múltiple hospitalización por enfermedades. La persona desea tener sexo, pero su pareja no puede por ciertos factores. Cuando esto se prolonga en el tiempo, puede detonar en una infidelidad.

28- Violencia Doméstica .

La violencia domestica por medio del control, la intimidación y el abuso físico o psicológico, causan un serio daño al individuo no sólo episódico, sino también progresivo (en la mayoría de los casos), dañando su integridad. Donde hay violencia doméstica, no hay amor. Por un lado, el agresor viola los derechos de su pareja, y, por otro lado, se deja de ver al cónyuge con ojos de amor, y se comienza a ver al cónyuge como un verdugo con ojos de miedo. Y si no hay amor ni respeto en la relación, ¿Dónde se encontrará ese amor y respeto? La respuesta es muy sencilla: "se encontrará fuera de ella".

29- Crisis de la edad madura.

La crisis de la edad madura es un período de transición en la vida en el que, percibimos que estamos dejando la juventud para entrar en la madurez o vejez. Para algunos esto puede suceder entre

38-50 años. Cuando la persona ha llevado una vida muy satisfactoria cumpliendo con sus metas y complacido con su vida, esta etapa no suele afectar mucho; pero cuando la persona no ha tenido una vida satisfactoria, ha tomado malas decisiones en el pasado, no ha cumplido con sus metas, ni ha disfrutado del todo lo que quería; esta etapa puede impactar significativamente, porque entonces va a querer hacer en poco tiempo todo lo que no ha logrado. Un matrimonio pasando por la crisis de la edad madura con una relación sexual deficiente y una desconexión emocional, puede terminar en dos caminos. (1) Se divorcia, porque quiere aprovechar los años restantes que les queda para reconstruir su vida y lograr la satisfacción personal y sexual. (2) Se mantiene en la relación insatisfecha, pero busca otras alternativas para llenar sus carencias. Y en la mayoría de los casos las alternativas terminan en infidelidad. Muy poco son los matrimonios que de verdad logran hacer un reajuste en sus vidas juntos.

30- Deseo de gratificar los sentidos.

El deseo de gratificar los sentidos como el tacto, la vista, el oído, para sentir placer sexual fuera del ámbito matrimonial, es una de las formas más sutiles de descarriarse. En un mudo hedonista donde el placer y la satisfacción personal se anteponen ante todo siendo la prioridad máxima, es casi imposible bajar a las profundidades de lo oculto, para luego subir como si nada hubiera pasado y seguir con la vida matrimonial como si todo estuviera bien. El deseo de gratificar los sentidos es bueno y natural, pero la preguntas que marcan la diferencia son: ¿Con quién? ¿Dónde? Y, ¿Cómo? A veces por el simple hecho de sentir placer a cualquier costo, llevamos una vida de infidelidad matrimonial.

Conclusión:

Sobran las causas para ser infiel y también sobran las causas para ser fiel a la pareja. Tanto la infidelidad como la fidelidad son decisiones personales. Causa no es justificación. Porque si algo está fallando en mi relación, yo tengo la responsabilidad de hacérselo saber a mi cónyuge y resolverlo juntos. Pero, el que algo falte, falle, o esté mal en mi relación, no me da permiso para buscarlo en otra. Los problemas en la pareja: o destruyen, o construyen. Pero no hay un término medio en ello. Muchas veces los problemas sirven para abrir nuestros ojos, conocer nuestras debilidades, reflexionar sobre nuestras acciones, y levantar cabeza. Pero depende de nosotros seguir adelante.

Fracasamos cuando asumimos responsabilidades que no queremos atender.

Es cierto que, en el ámbito laboral, donde pasamos mucho tiempo del día con nuestros compañeros de trabajo, se presta para que florezca la infidelidad emocional. Esto suele suceder, por ejemplo, en profesiones de la aviación, donde los pilotos y azafatas deben viajar regularmente a otros lugares ausentándose de sus familias por tiempo prolongado. También suele pasar en el ámbito artístico, donde los músicos, bailarines, cantantes, modelos, actores de cine, presentadores de programas, periodistas, reporteros de tv, pasan mucho tiempo con su equipo de trabajo en proyectos. También suele pasar con el personal de la salud, donde los doctores, enfermeras y especialistas tienen que lidiar con el estrés de salvarle la vida a mucha gente y a veces esa adrenalina más las horas de compartir esas experiencias juntos hace que surja un romance. También con el personal de la estética, como estilistas, entrenadores de gimnasio, deportistas, donde el cuerpo y la belleza son lo principal, hacen que uno se sienta muy atraído. También en el ámbito profesional como la consejería, la psicología, la abogacía, el mundo empresarial, donde se admira la inteligencia y el liderazgo, se da respeto, atención y por ende surge el amor. También ocurre en el ámbito de lo militar, policial, escolar; en fin, la infidelidad emocional puede darse en todas las esferas de la vida humana; solo basta que haya dos personas que se atraigan, con algo en común que los una, que pasen mucho tiempo a solas para que surja la admiración, el respeto y el amor.

Pero, así como dije al principio del capítulo, que cuando vas a la playa en el verano, tienes todas las probabilidades que quemarte por la exposición al sol, también si tomas las medidas necesarias como, usar bloqueador solar, estar debajo de una sombrilla, usar ropa de mangas largas y sombrero, tendrás todas las probabilidades de disfrutar de la playa sin quemarte. Y es que, en este mundo en que vivimos, tenemos todas las probabilidades de ser infiel, y también tenemos todas las probabilidades para ser fiel si tomamos las medidas necesarias para cuidar nuestra relación. No se trata de no trabajar, de no tener proyectos o ser exitoso, se tratar de estar allí y no salir afectados.

Capítulo 4
"Tipos de Infidelidad Emocional y Procesos Psicológicos"

Pensamiento:
"A veces las decisiones más insignificantes nos pueden alejar del plan de Dios causando grandes estragos en nuestras vidas".

La infidelidad emocional tiene muchas variantes, ya que se puede manifestar de diferentes formas; cada una de ellas con características propias. Consta de un proceso evolutivo abarcando las tres áreas que componen el ser humano; trayendo consigo serias consecuencias no solo para la persona, sino también, para los que lo rodean.

¿Por qué es tan atractiva la Infidelidad Emocional?

"Las aguas hurtadas son dulce, y el pan comido en oculto es sabroso. Y no saben que allí están los muertos; que sus convidados están en lo profundo del Seol". (Proverbios 9:17-18) Reina-Valera (RVR 1960)

La infidelidad emocional atrae, seduce, entretiene y por un momento limitado satisface, pero una vez atrapado, te culpa, te tormenta y te destruye causando mucho dolor. ¿Por qué atrae? ¿Por qué atrapa? ¿Por qué seduce? ¿Por qué la gente en vez de perderla a ella, prefiere perder la vida en ella? Veremos algunas razones a continuación:

1- Porque la infidelidad emocional despierta pasiones y deseos.

Es cierto que la infidelidad emocional se presenta como algo atractivo y novedoso, como algo que despierta las emociones que una vez tuvimos hacia nuestra pareja al principio de la relación, pero que, con el paso de los años fueron mermando y disminuyendo, y es entonces donde quedamos atrapados en esa gama de sensaciones que nos estancan y bloquean nuestro crecimiento matrimonial. A veces la pasión que surge de una aventura emocional suele sentirse con mayor intensidad que la pasión de la relación presente. Porque está alimentada por la imaginación de un mundo perfecto, sin errores, donde el ser amado es casi como un dios intachable, sin pecado; mientras que, la relación presente está alimentada por la realidad de la convivencia y la realidad del otro que es tal y como es en todas sus dimensiones, con sus defectos y virtudes. La infidelidad emocional genera estímulos sensoriales donde a veces quedamos atrapados en esas emociones que produce.

Una persona infelizmente casada que se sienta atraída hacia otra, intentará crear esa conexión emocional y alimentará ese deseo con fantasías sexuales y un poco de acercamiento en la realidad. Aunque por dentro sabe que está mal, y si llevara a la práctica exactamente todo lo que tiene en su mente la ley lo acusará , intentará justificar sus deseos, y seguirá con su plan para no perder las sensaciones en las cuales se siente atrapado. Y es que, el ser humano siempre ha tenido el impulso de hacer todo aquello que le es prohibido, como una forma inconsciente de decir: "yo sí puedo". Pero a veces el mismo poder, cuando no tenemos la sabiduría para manejarlo, nos puede autodestruir.

2- Porque la infidelidad emocional es difícil de detectar.

La infidelidad emocional tiene la capacidad de esconderse bajo el manto de: "la verdadera amistad", "sólo somos amigos", "amigos confidentes", donde, los sentimientos de amor son tomados como simples pensamientos esporádicos sin importancia, sin la necesidad de hablar, buscar ayuda, o confrontar. En la mayoría de los casos, la gente no lo acepta ni lo reconoce, porque es un enamoramiento que no involucra sexo. Y como no hay acción, no hay error. La persona que lo sufre siente que en realidad no ha hecho nada malo, que no ha tocado, no ha besado, no ha acariciado, no ha abrazado, ni ha tenido relaciones sexuales con esa otra persona. No ha sido infiel. Entonces, ¿De qué se va a arrepentir? Lo atractivo de la infidelidad emocional es la seguridad interna de sentir que prácticamente no estás haciendo nada de lo que te puedan acusar, aunque por dentro te mueres por llevarlo a la práctica; y esa sensación te empuja a establecer una relación amorosa imaginaria que no te implica riesgos.

Una persona infiel emocional puede estar enamorada de su compañera de trabajo, estar pensando en ella todo el día, y cuando venga la esposa y le pregunte: "¿Qué te pasa?, ¿En qué estás pensando?". El simplemente responder: "En nada mi amor, o en asuntos laborales". Y es que, como la infidelidad emocional ocurre en la mente y en el corazón del individuo, nadic puede saber lo que hay detrás a menos que él lo muestre. Por eso es atractiva, porque no implica riesgos. La persona puede establecer una amistad a largo plazo con alguien, disfrutar de su compañía, estar enamorada, y no decirlo nunca, y llevar las cosas como una buena amistad.

3- Porque la infidelidad emocional es más fácil de realizar que una infidelidad física.

¿Qué es más fácil?: ¿llegar a la comodidad de la casa, sentarse en un computador y comenzar a hablar con otra persona que está al otro lado del mundo, haciendo videos eróticos, o, salir a la calle, invitar a alguien a cenar, enamorarla y rentar una habitación de hotel para tener sexo con ella? Para llevar a cabo una infidelidad física, se necesita tiempo, gasto de dinero, espacio, también los riesgos de ser visto en público, de contraer enfermedades de transmisión sexual, de quedar expuesta a un embarazo no deseado; mientras que, para llevar a cabo una infidelidad emocional cualquier parte del día es perfecto para fantasear, no implica riesgos, no hay temor, ni reclamos, ni compromiso social, porque no exige cambios de vida, ni cambios económicos. También para los que son adictos a la pornografía y que están casados, les resulta más fácil ver pornografía desde la habitación de sus casas, que irse a un club nudista, o visitar sitios públicos indecentes que puedan afectar su reputación. Pero, aunque parezca simple, fácil e inofensiva, la infidelidad emocional a la larga trae serias consecuencias.

4- Porque la infidelidad emocional no expone al individuo a los posibles rechazos.

Vivimos en un mundo bajo constante rechazo y críticas. La gente incluso puede vivir con rechazo hacia sí mismo, y también con rechazo en la vida matrimonial lo que suele ser muy doloroso. Sin embargo, la infidelidad emocional le permite a la persona esconder sus intenciones, y actuar ser otra persona con el objetivo de recibir amor. Por ejemplo: un hombre viejo puede crearse un perfil falso en las redes sociales usando la foto de un adolescente muy atractivo, e intentar conquistar a las chicas, prometiéndoles cosas y diciéndoles que le envíen fotos y videos desnudas de ellas para su propia satisfacción, sin este nunca revelar su verdadera identidad para evitar el rechazo. También puede darse el caso de una mujer casada, enamorada de su amigo, al cual siempre está ahí para él, en cualquier momento que la necesite, pero al que no le dice nada por miedo a que él no le corresponda y rompa la amistad alejándose. Vivir en una doble vida emocional es vivir en la distorsión de la realidad, que a la larga traerá serias consecuencias psicológicas.

Tipos de Infidelidad Emocional

La infidelidad emocional puede verse en diferentes formas. No es lo mismo tener un pensamiento espontáneo de acto sexual con una persona que acabo de conocer, controlar ese impulso, y seguir adelante con mi vida sin que me afecte, a tener un pensamiento de amor recurrente sobre esa persona que acabo de conocer e intentar establecer una estrecha cercanía creando un lazo afectivo, alimentando esa pasión. Existen tres tipos de infidelidad emocional, cada una con sus respectivas características y proceso de evolución:

1- Tipo 1: "Amistad" – "Amigos Confidentes".

El amigo confidente es la persona que siempre está ahí para escuchar, apoyar y comprender al otro. Que sabe todo del otro. Que conoce mejor de lo que conoce la propia familia. No juzga ni critica, por lo que el otro se siente en la total libertad de contarle hasta sus problemas más profundos. Es el paño de lágrimas para desahogar las penas, la mano que sostiene para levantar, el hombro donde el otro puede descansar con la total confianza de que no será rechazado, es la fuerza motora que empuja a seguir adelante, el amor incondicional, y todo esto sumado a una hermosa personalidad crea el ambiente para una conexión emocional que puede terminar en un romance. En cierta medida le permite al otro compensar lo que está faltando en su relación matrimonial. Por eso, muchas veces las personas casadas tienen sus parejas y también sus mejores amigas. Porque en una encuentran el placer sexual que necesitan y en la otra el placer emocional. ¿Acaso mi pareja no debería ser mi mejor amiga? Por supuesto que sí, ya que lo sexual es una parte, pero no es lo más importante para sostener un matrimonio. Excluir a mi pareja de mis problemas, de mis necesidades, de mi manera de pensar y ver las cosas, y compartirlas con otra, es infidelidad emocional. Porque no estoy conectando emocionalmente con ella.

2- Tipo 2: "Amistad" – "Amor Secreto".

"Yo siempre estuve enamorado de ella desde niños. Pero ella me rechazó. Quedamos como buenos amigos, somos adultos, cada uno casado y con hijos, pero todavía la sigo queriendo. Ella siempre será el amor de mi vida". ¿Le suena esto familiar? Alguien dijo una vez que: "la amistad íntima es la consecuencia de un amor frustrado en donde quedó claro que no habrá sexo". Este tipo de infidelidad emocional esconde un amor secreto por otra persona bajo el nombre de amistad. La persona se encuentra enamorada de otra estando en una relación y aprende a vivir con ese secreto. Alimenta esa ilusión, juega con los pensamientos, y experimenta emociones cuando está cerca de la persona. Fantasea con la esperanza de que algún día se hará realidad. El amor secreto es muy fuerte y difícil de arrancar, porque si el cónyuge al enterarse diera a escoger entre la amistad o la relación, la persona podría ser capaz de romper la relación para quedarse con la amistad.

3- Tipo 3: "Amistad" – "Intimidad Emocional".

La intimidad emocional es cuando hay un intercambio sexual o emocional de manera recíproca sin implicar contacto físico. Este tipo de infidelidad está caracterizado por: el coqueteo, declaraciones de amor, intercambio de fotos, videos, llamadas con contenido sexual. Y se puede ver en los sitios de internet para solteros o infieles, en las llamadas a compañías telefónicas eróticas, o en el pago a páginas de pornografía para ver en vivo a las personas, o en las redes sociales con un amigo lejano o cercano bajo condiciones. En este tipo de relaciones la imaginación es llevada a la realidad sin exponer al individuo a supuestos riesgos. Hay personas casadas que, usan esto como un juego, o como un escape, pero lo único que consiguen es degradarse moralmente e íntegramente. La infidelidad emocional te atrapa, te rebaja y luego te destruye.

Etapas de la Infidelidad Emocional

Todo en la vida es un proceso, nada ocurre por casualidad, ni nada desaparece por arte de magia. Todo tiene una causa y un efecto. La infidelidad emocional es una serie de decisiones que se realizan en consecuencia esperando un fin determinado y que pasan por siente etapas importantes en la vida del indivíduo. Las aventuras emocionales pueden durar muchos años, porque no mueren mientras la esperanza no muera. Pero una vez confrontada la situación el individuo tiende a hacer una reflexión si vale la pena seguir gastando tiempo y energía en algo que no pasará, o que no va a ir mas allá de ello; o continuar caminando en la misma fantasía. Las etapas de la infidelidad emocional son:

1- Etapa de la Crisis (Algo falla, algo falta).

2- Etapa de la Seducción (Algo atrae, algo seduce).

3- Etapa de la Concepción (Algo se concibe).

4- Etapa del Placer (Algo nace, crece y da fruto).

5- Etapa de la Pérdida (Algo se pierde).

6- Etapa de la Confrontación (Algo se confronta).

7- Etapa de la Renovación (Algo se renueva).

1- Etapa de la Crisis.

Sabes que algo está mal en tu relación, que casi no hay comunicación, que no hay conexión emocional, que el amor ha disminuido, que ya no te gusta tu pareja, que siguen juntos por inercia, rutina, costumbre o comodidad, pero no te atreves a enfrentar la vida solo y prefieres quedarte, aunque no seas feliz. Sabes que te falta comprensión, apoyo, pasión por las cosas, motivación y energía para seguir adelante. Sabes que las cosas no son como eran antes, pero te consuelas diciendo que es normal, que así es la vida, que así está todo el mundo y que tú no deberías ser la excepción. Sabes que tu pareja vive ausente de ti, y aun cuando está cerca, sientes como si estuviera ausente por que te ignora, no tiene tiempo para ti, y no te da la atención que necesitas.

2- Etapa de la Seducción.

Sabes que ayer conociste a un muchacho que entró nuevo al trabajo que te llamó la atención. Es lindo, sexy, guapo, todo un profesional, caballeroso, amable, encantador. Que tiene la capacidad de seducirte con sus palabras, de dormirte el oído con su voz, de erizar tu piel con su roce, de estremecer tu corazón con su abrazo acogedor;

pero ¡cuidado! Que no es tu esposo. Él es todo lo que tu desearías tener en tu vida como hombre. Pero no es tu esposo. Te llama la atención como hombre. Pero no es tu esposo. Él tiene la capacidad de transportarte a otro mundo de emociones. Pero no es tu esposo.

3- Etapa de la Concepción.

Sabes que, desde que conociste a ese hombre no has dejado de pensar en él. Te gusta tanto que se ha vuelto casi una obsesión. Sólo piensas en llegar al trabajo para verlo, estar cerca de él y hablar con él. Te arreglas en las mañanas usando tu mejor ropa para que el admire y te diga cosas lindas. Ya no sabes si es amor o pasión desordenada, pero sabes que en tu corazón hay muchas emociones por él. Llegas a casa, está tu esposo, y cuando hacen el amor, imaginas que estás haciendo el amor con él. ¿Qué te pasa? No lo sabes. ¿Confundida? Tal vez. Pero es un sentimiento lindo que no puedes renunciar a él.

4- Etapa del Placer.

Sabes que estás haciendo todos tus mejores esfuerzos para estar ahí, ganarte su confianza, conectarte con él. Quieres ser su mejor amiga, su confidente, la mano que lo ayude, la primera persona a la que llame cuando lo necesite. Planeas salidas, cenas, eventos, asuntos de trabajo con tal de tenerlo cerca. Le regalas cosas, le haces detalles, buscas un acercamiento físico y le dices que así se tratan los buenos amigos. Se mensajean, se hablan constantemente por teléfono, se hacen video llamadas, se intercambian fotos, y un día le confiesas que está enamorada de él.

5- Etapa de la Pérdida.

¿Qué pasó ? ¿Dónde quedo la emoción? ¿Por qué se alejó? Según él para no hacerte sufrir. Según tú, para no tener problemas con tu esposo. Y es que es muy difícil llevar una mistad donde se sabe que hay un interés sexual de por medio. ¿Pero si todo iba bien? Mientras uno de los dos guarde lo que siente, el juego continua, pero cuando se descubre el secreto se pierde el interés porque no hay nada que conquistar. Ahora sabes que el otro sabe, y te sientes responsable por las decisiones. Sientes miedo por si tu esposo se llegara a enterar.

6- Etapa de la Confrontación.

Te confrontas, te llamas a contar. ¿Por qué lo hice? ¿En que estaba pensando? ¿Qué fue lo que me pasó ? ¿Qué falló en mí? Sabes que el auto análisis te ayudará a entender tus acciones y a hacer una reflexión de los hechos para no repetirlos en el futuro. Sabes que necesitas estar preparada con todas las repuestas si sucediera que tu esposo se enterara o descubriera el asunto. La confrontación ayuda a hacer una autorreflexión clara y justa de las decisiones en comparación con los resultados para hacer los cambios necesario.

7- Etapa de la Renovación.

Sabes que es necesario empezar a hacer ajustes para cambiar la situación. Que hay que hablar, y llegar un entendimiento con el cónyuge para restaurar la relación matrimonial. Que hay que saldar lo que falta y arreglar lo que está fallando. Que hay que renovar ciertas cosas para funcionar en la manera correcta y evitar deslices futuros. Sabes que la vida matrimonial es un trabajo constante y que cualquier mínimo descuido podría terminar en una catástrofe. Renovar es recuperar y restaurar lo que se ha perdido, pero con una mentalidad diferente y un estilo diferente.

La infidelidad emocional comienza con una idea sembrada en la mente pero que de forma paulatina va tomando terreno. En el ejemplo usado para representar las etapas, el daño no fue tan grande, como suele suceder en la mayoría de los casos, y se pudo manejar adecuadamente. Pero eso no sucede en todas las relaciones donde hay infidelidad. En algunas, las consecuencias son muy catastróficas dependiendo del grado y la intensidad.

Capítulo 5
"Señales de una Persona Infiel y sus Consecuencias"

Pensamiento:
"Toda mala decisión trae consecuencias y alguna de ellas irreparables".

Una persona que vive en infidelidad emocional mostrará ciertas señales externas. Y es ahí, donde el otro comenzará con las sospechas, porque, aparte de que hay problemas en la relación o algo no está funcionando de la manera correcta, siente que su pareja está emocionalmente distante disminuyendo su grado de interés. Como la infidelidad emocional no necesariamente implica contacto físico, que puede ocultarse en la mente y en el corazón, y puede desarrollarse desde la propia casa por medio de un dispositivo electrónico conectado a la internet, el cónyuge percibe el distanciamiento psicológico y comienza a buscar pistas porque sospecha que el otro está siendo infiel de alguna forma u otra. Ella sabe en su subconsciente que hay señales de alerta que le indican que algo está fuera de lugar, pero se le hace difícil encontrar las pruebas concretas para comprobarlo; y es en la ausencia de pruebas sólidas que invaden la incertidumbre y la ansiedad.

¿Cuáles son las señales de una persona infiel? ¿Cómo reconocer cuando alguien es infiel? A continuación, veremos las señales de la infidelidad expuestas en las áreas de la vida en general, y analizaremos sus respectivas consecuencias.

Señales de una persona infiel emocionalmente

1- Señales espirituales de una persona infiel emocionalmente.

- Lo primero que se daña es la comunión con Dios. La persona se aísla espiritualmente, comienza a perder la sensibilidad, el discernimiento, y comienza a perder el amor. Se vuelve frio y distante. Cuando la persona tiene el Espíritu Santo, siente que este lo reprende, pero a veces el mismo pecado le ciega el entendimiento y no le deja ver su realidad. Su vida espiritual cae. Pierde la noción de quien es, no tiene conciencia de sí mismo, no tiene paz, porque no está viviendo íntegramente, sino que se encuentra entre dos realidades. No hay coherencia entre lo que piensa, dice y hace.

2- Señales psicológicas de una persona infiel emocionalmente.

- Distanciamiento emocional: La pareja busca excusas para estar lejos, cada vez se comunica menos, se aísla emocionalmente, no quiere hablar, a veces muestra síntomas depresivos, no quiere salir contigo, ya no te cuenta sus cosas. Te dice que salgas, pero que lo dejes solo, o te dice que él va a salir, y se molesta si tú lo quieres acompañar. Evade los momentos contigo. Cuando le preguntas, te dice que no le pasa nada, pero lo sientes distante.

- Estado emocional aparente: la persona puede manifestar un estado de felicidad sin tener ningún motivo aparente, como estar mirando para el techo y sonreír. Puede estar solo pensativo, sonriendo y cuando llega el cónyuge cambia la expresión de la cara y se pone serio. Puede parecer preocupada, confusa, pensativa o perdida en el espacio, y cuando le hablan o le preguntan algo, es como si no escuchara. O si perdiera la concentración o el hilo del tema en la conversación. Esto generalmente ocurre porque la persona está pensando en la otra persona y llenando su cabeza de fantasías e ilusiones, y es por eso que pierde el contacto con el medio.

- Cambios en el carácter: se ha vuelto una persona fría, con sus acciones te hace sentir que la aburres y que ya no disfruta estar contigo, que tu compañía le molesta. Se ha vuelto más vigilante con sus cosas personales, y la sientes nerviosa la mayor parte del tiempo. Notas que tiene otro semblante. Percibes que en ocasiones te trata mal sin ninguna razón aparente. Casi no habla contigo, pero cuando lo hace la sientes alterada, enojada, y notas que cada vez te tiene menos paciencia. Cuando está tranquila y le preguntas donde estuvo, con quien estuvo y por qué; su momento de calma se vuelve irritable en cuestiones de segundos. Actúa a la defensiva ante simples preguntas y te acusa de que lo estas controlando. La mayor parte del tiempo la sientes acelerada.

3- Señales físicas de una persona infiel emocionalmente.

- Cambios en el estilo de vida: comienza a enfocarse y a ponerle mucha atención a su físico. Cambia su apariencia, su estilo de alimentación y se preocupa excesivamente por lucir bien. Cambia su estilo de ropa, comprando ropa atractiva. Muestra mucho entusiasmo cada vez que sale solo, y se arregla excesivamente hasta para comprar comida en el mercado de la esquina. Esto incluye además que, se demora más tiempo de lo común en simples diligencias, mostrando momentos de descuido como o llamar para avisar de su tardanza, o dejar el anillo de matrimonio en la casa.

- Deseo excesivo de privacidad: muestra mucha emoción ante propuestas como trabajar horas extras, ir a cursos fuera de la ciudad, viajes de trabajo, reuniones o clases nocturnas donde tenga que ir solo. Todo lo que sea lejos de su pareja le genera alegría. Lleva su celular a todos lados incluso hasta el baño. Evita dejar el celular solo a toda costa. Trata de dejarlo en modo silencio o apagado cuando está contigo, con la excusa para que nadie lo moleste. Busca un lugar apartado para hablar sin que nadie lo escuche. Todos sus dispositivos electrónicos tienen códigos de seguridad en el cual no conoces la contraseña. Si recibe un mensaje, evitará leerlo en frente de ti, y si lo llaman evitará contestar. Notas que pasa mucho tiempo en el baño, más de lo usual.

- Falta de contacto visual y físico: ya no te abraza, no te acaricia, ni te besa como antes. Y cuando lo hace, no percibes estas acciones de manera natural, sino como falsas, actuadas o fingidas. Durante las conversaciones pierde el contacto visual. No te mira fijo a los ojos, ni muestra señales de conexión contigo.

4- Señales sociales de una persona infiel emocionalmente.

- Mucho tiempo en redes sociales y aplicaciones: la persona pasa muchas horas en su computadora o celular revisando mensajes, chateando, escribiendo correos electrónicos, y tiene extremo cuidado en borrar el historial para que nadie lo lea. Tiene varios correos electrónicos, diferentes redes sociales y aplicaciones para buscar pareja, además de tener varios números de teléfonos para no usar el suyo personal. Tiene una lista de amigos nuevos cada día, de los cuales sientes desconfianza por los comportamientos de ellos. Tiene aplicaciones para esconder fotos y contactos privados.

- Llamadas misteriosas: entran muchas llamadas de un determinado número, y cuando le preguntan, dice que no sabe quién es. Llaman a su celular y cuando respondes, cuelgan.

- Relaciones sospechosas: tu pareja halaga, coquetea o flirtea con otra persona en frente tuyo, incluso puede que la toque o la abrace con determinada frecuencia. Tu pareja le deja ciertos detalles discretos como notas, regalos, mensajes, dinero, canciones a esa otra persona en la casa o en trabajo. Los demás ven a tu pareja animada, muy cercana con otra, contenta, como si estuviera en las nubes, de buen humor, mientras que tú la vez como un extraño porque esa alegría no tiene que ver contigo, ni tampoco la comparte contigo. Tu pareja comenta todos los problemas incluyendo las cosas intimas de la relación a su amiga, y en momentos de descuido, descubres que ella sabe más de él, de lo que sabes tú.

- Aumento de las responsabilidades: tu pareja intentará ocupar su tiempo libre en actividades fuera de casa y, fuera de la familia. Inventará arreglos innecesarios del carro, citas de última hora, pago de facturas, reuniones imprevistas, ayuda a un familiar, cualquier actividad que sea fuera de ti.

5- Señales conyugales de una persona infiel emocionalmente.

- Cambio en los detalles: tu pareja deja de tener los detalles que tenía antes periódicamente. Poco a poco deja de expresar el amor por medio de palabras y gestos, y usa la excusa de tener mucho trabajo y que casi no tiene tiempo. Evita hablar sobre el futuro contigo, y ya no le emociona hacer planes. O puede darse el caso que, te haga regalos de manera inesperada, sin motivo aparente, y luego venga buscando refugio como si hubiera hecho algo malo. O que quiera satisfacerte con bienes materiales para calmar su culpa y que no le cuestiones su vida privada, ni donde estuvo, ni con quién .

- Aumento de pelea: casi no pueden hablar civilizadamente porque toda conversación parece terminar en una pelea. Hay problemas en la comunicación. Evaden los temas de conversación y cuando lo hacen surgen conflictos y disgustos. Se hace difícil ponerse de acuerdo. En ocasiones te amenaza con irse de la casa o buscarse otra relación. Te pide un tiempo en la relación, dice que necesita pensar, que se siente ahogado y qué no le das espacio, y cuando le preguntas si existe alguien más, te dice que estas mal de la cabeza, que sufres de paranoia, y te cambia el tema de conversación.

- Cambio en las relaciones sexuales: se muestra perezoso para tener sexo contigo. Intenta hacerse el que trabaja mucho parar llegar cansado a la casa y no tener fuerzas para el acto sexual. Se inventa malestares como dolores de cabeza para evitarlo. O, por el contrario, puede suceder que se muestre muy enérgico para el acto sexual con tal de evitar cualquier sospecha, o porque estuvo pensando en la otra persona y esta estimulado sexualmente.

6- Señales paternales de una persona infiel emocionalmente.

- Cambio en el comportamiento paternal: pasa poco tiempo con sus hijos. Demasiado tiempo ocupado que casi no comparte con su familia. Se muestra irritable sobre todo si sus hijos toman su celular o su computadora. Ha perdido el gusto por las cosas del hogar como la decoración, los arreglos, los cambios de muebles, la limpieza, la organización, y muestra descuido en el cuidado de los hijos como las tareas escolares, el aseo, el tiempo de descanso, los horarios de comida y merienda, y las vacaciones. Cada vez es menos paciente con los hijos, ya casi no habla, sino que grita, y tiene momentos de ira y violencia. Esto sucede porque comienza a ver a los hijos como una carga, un estorbo, o como lo único que lo ata al matrimonio pero que no lo deja ser feliz. Por eso proyecta el enojo y la impotencia por medio de la agresión.

7- Señales financieras de una persona infiel emocionalmente.

- Cambios en la economía: movimientos extraños en las cuentas de banco como gastos inusuales, transacciones o ingresos que no puede justificar. Disminución del presupuesto. Te dice que no hay suficiente dinero, o que este mes el dinero no alcanza (sin haber un motivo aparente) (Esto ocurre porque el infiel intenta conquistar al ser amado por medio de regalos, cenas, o ayuda financiera). Compra de artículos secretos como material pornográfico, juguetes sexuales, pago de cuentas en el internet, o el pago del servicio de un celular que desconoces. Incremento en la compra de ropa interior con el fin de usarlos en el video chat.

La infidelidad emocional de cualquier tipo producirá una presión mental que se reflejará en la conducta del individuo rompiendo el equilibrio. Afectará de manera considerable la vida y las relaciones del mismo de manera general empujándolo hacia su propia destrucción.

Cabe notar que, las señales deben manifestarse en todas las esferas para confirmar que realmente hay una infidelidad, porque una persona que ha tenido un día laboral estresante, que llega a la casa cansado y decide acostarse a dormir, evadiendo la relación sexual, no significa que por eso está siendo infiel. Es simplemente que ha tenido un día agotador. Pero si esa persona persiste con esa conducta prolongada en el tiempo y el espacio, entonces si estamos en presencia de un infiel emocional. Para que las señales sean válidas necesitan permanecer en el tiempo de manera constante.

Consecuencias de la Infidelidad Emocional

Vivir en la infidelidad emocional produce un efecto considerable en la vida del individuo, y este efecto crece durante todo el tiempo que dura dicha infidelidad. Cuando es revelado o es descubierto, ocurre un choque emocional muy fuerte en la pareja que trae serias consecuencias a la relación afectando al resto de la familia. El amor oculto en el corazón causa daños y un desequilibrio interno porque se vive en contradicciones afectivas, donde no hay coherencia ni integridad personal. A continuación, veamos los efectos y las consecuencias que sufre el individuo que vive en infidelidad emocional y como afecta eso al resto de la familia.

1- Consecuencias espirituales para la persona infiel emocionalmente.

- Puede romper la comunión con Dios: la infidelidad emocional te hace perder la comunión con Dios. Crea un vacío espiritual. Abre las puertas para que el enemigo te atormente y abre las puertas a muchas maldiciones. El tormento de saber que lo que está haciendo no está bien, hace que la persona tenga insomnio, desvelos y pesadillas; porque no tiene paz. Me hace ver a Dios como un malo que me está alejando de las cosas que me gustan, y no verlos que un Dios que me está protegiendo de las cosas que me pueden dañar. El ser humano fue creado a imagen y semejanza de Dios, y al alejarse de Dios, se aleja de su propia identidad. Es por eso que se vuelve errante y pierde el rumbo de su vida. No puede entenderse a sí mismo, y, por ende, tampoco puede entender a los demás.

2- Consecuencias psicológicas para la persona infiel emocionalmente.

- Puede romper la comunión contigo mismo: se rompe el equilibrio interno, dañando la autoestima, y produciendo cambios en el comportamiento y la personalidad. Su área psicológica entra en crisis, no sabe cómo resolver sus problemas, y se siente desconectado a la deriva, intentando darse vida a sí mismo, a través de otras fuentes.

- Puede romper el equilibrio psicológico: al perder el contacto consigo mismo, también puede perder el contacto con la realidad afectando negativamente la siquis. La persona puede sufrir depresión, estrés, ansiedad, frustración, paranoia, amargura, enojo, insomnio, confusión, vacío existencial, culpabilidad, falta de concentración, desconfianza, falta de auto conocimiento y falta de auto valoración.

- Puede obstaculizar el entendimiento: solo piensa en el placer que le produce la ilusión y las fantasías, pero no piensa en las consecuencias, ni en cómo le están afectando. No puede pensar coherentemente.

- Puede crear adicción: la persona que constantemente fantasea teniendo relaciones sexuales o que consume pornografía, a la larga tendrá dificultades para relacionarse con los demás, y perderá control sobre sus impulsos, perdiendo la concentración y respondiendo a los estímulos. Esto se puede manifestar por medio de sudoración de las manos, nerviosismo y erecciones (en el caso de los hombres).

- Puede romper la comunión con el cónyuge: tu pareja no sabe qué pasa, lo que piensas, por que te sientes así, que quieres hacer. No hay comunión emocional ni comunicación.

- Puede romper tus valores y principios: por fuera intenta llevar una vida normal y por dentro rompe con todas las reglas de la pureza sexual, sin respetar los valores morales, llevando una vida desordenada. Lo que a su vez va aceptado inconscientemente como normal, y termina viviendo su propia realidad psicológica.

3- Consecuencias físicas para la persona infiel emocionalmente.

- Puede romper la comunión con el cuerpo: el cuerpo manifestara el conflicto interno que presenta la persona por medio de la somatización. Las manifestaciones físicas muy comunes para este conflicto son: dolor de cabeza, falta de apetito, diarrea, nerviosismo, fatiga, taquicardia, problemas estomacales, problemas del corazón, tensión muscular, presión alta, náuseas, mala digestión, nudo en la garganta, dolor en el pecho, mareos, etc.

- Puede romper el equilibrio físico: la masturbación excesiva puede producir eyaculación precoz, y puede interferir en las rutinas diarias e interrumpir en su trabajo. Puede llevar al consumo de medicamentos con el objetivo de tener relajación debido a que no puede funcionar en sus cinco sentidos.

4- Consecuencias sociales para la persona infiel emocionalmente.

- Puede romper tu relación con otros: cuando la infidelidad se descubre, la relación con otros queda afectada. La pareja y la familia pueden sentirse engañadas, y el vínculo afectivo puede quedar deteriorado. También puede darse el caso de que la infidelidad rompe la relación de otros, y esto sucede cuando se ha establecido intimidad emocional con otra persona que también está casada y su pareja la descubre. Entonces el cónyuge engañado puede elegir terminar con su relación.

- Puede interferir en la conversación con otros: rompe el límite del respeto de las relaciones humanas, haciendo que, cueste trabajo interactuar con otras personas de manera saludable. Ya que, producto de la masturbación y la adicción se va perdiendo la línea de lo que es correcto y de lo que no.

- Puede romper la imagen social: cuando se es descubierta la infidelidad, la persona puede quedar en descrédito socialmente, perder su reputación, perder influencias y hasta perder su trabajo.

- Te puede volver vulnerable a acosos y chantajes: esto ocurre cuando la persona ha enviado fotos privada y videos desnudos a alguien más. Se puede dar el caso que la otra persona quiera chantajear con mostrárselas a la pareja o publicarlas en la internet a cambio de dinero o algún servicio.

5- Consecuencias conyugales para la persona infiel emocionalmente.

-   Puede romper la unidad matrimonial: el infiel puede llegar a ver al cónyuge como el obstáculo que le impide ser feliz. No hay comunicación sino distanciamiento, no hay conexión sino peleas y rechazo.

-   Puede romper la intimidad sexual: la masturbación reemplaza al cónyuge , quien siente más placer y satisfacción por si sólo que con la pareja. Y cuando hay contacto sexual es robótico, fingido y sólo para reportarse, pero sin deleite ni placer.

-   Puede deshacer el matrimonio: cuando la infidelidad es descubierta el cónyuge traicionado puede determinar si seguir o romper la relación. En la mayoría de los casos termina en divorcio. Y es que, el infiel se convierte en un mentiroso compulsivo que, en su intento por ocultar toda evidencia posible, termina mintiendo por todo. Y eso hace que el cónyuge no le crea después. En otros casos, la pareja se queda junta, pero separada bajo el mismo techo. Y, aunque no se han divorciado, el matrimonio está desecho.

6- Consecuencias paternales para la persona infiel emocionalmente.

-   Puede romper el tiempo de relación con los hijos: la persona que vive en infidelidad tiende a fraccionar su tiempo para poder compartirlo con todos, desplazando a los hijos. Ocupa su tiempo en lo que considera es más importante y le genera placer, y los hijos pasan a un segundo plano. Al tener menos tiempo con su familia, la conexión con ella disminuye.

- Puede cambiar la visión que tiene de los hijos: hace ver a los hijos como un obstáculo. Ya que, si ellos no existieran, entonces no habría problemas para dejar a la pareja y hacer una vida con la otra. Y producto de esta impotencia, el individuo se vuelve más agresivo y menos tolerante.

- Puede establecer patrones de conducta: un padre infiel enseña a su hijo a ser infiel, aunque se pase toda la vida diciéndole que eso está mal. Los niños aprenden más por patrones de conductas, que por palabras.

- Puede romper la conexión con los hijos: no todos los hijos están dispuestos a perdonar a uno de los padres cuando ha sido infiel y ha puesto a la familia en la vergüenza pública. Esto puede ocasionar una seria ruptura familiar.

7- Consecuencias financieras para la persona infiel emocionalmente.

- Puede romper la estabilidad económica: ya que, a veces parte del dinero se usa para comprar regalos o llevar a cenar al otro, el presupuesto familiar sufre cambios. Y en caso de un divorcio, porque el cónyuge traicionado decida no perdonar, la economía se afecta aún más con el pago de abogados, manutención de los hijos y el dinero para empezar en una nueva casa.

Las consecuencias de caer en la infidelidad emocional son muchas. Algunas temporales y otras duraderas. Por eso debemos estar consiente de cada decisión que tomamos en nuestras vidas, ya que, aunque algunas parezcan placenteras, nos pueden llevar al desastre.

"Hay camino que al hombre le parece derecho; pero su fin es camino de muerte". (Proverbios 14:12) Reina – Valera 1960 (RVR 1960)

Capítulo 6
"Enfrentando el problema".

Pensamiento:
"El que encubre sus pecados no prosperará ; más el que los confiesa y se
aparta, alcanzará misericordia". (Proverbios 28:13) Reina – Valera
1960 (RVR 1960)

Estás viviendo en infidelidad emocional. ¿Cómo enfrentas el problema? ¿Cómo sales de ahí? ¿Cómo le confiesas a tu cónyuge lo que está pasado? O, descubres que tu pareja te es infiel emocionalmente. ¿Cómo lo confrontas? ¿Cómo de pides que te diga la verdad? Para desarrollar este capítulo vamos a separar los hechos en dos casos. Nos pondremos en los dos lados de la balanza. Por un lado, veremos nuestra posición si nosotros somos los infieles; y por otra, nos pondremos en la posición si nosotros somos los que descubrimos la infidelidad.

Imagina que, eres una mujer casada con 4 hijos. Trabajas de recepcionista en una compañía de electrónicos. Llevas 2 años sosteniendo relaciones por internet con una persona que conociste en las redes sociales. Tu familia no tiene idea de lo que haces. En ocasiones has hablado sobre divorciarte y hacer una vida con tu amante cibernético, porque sientes que lo amas. Has intercambiado fotos y has hecho video llamadas. No sabes qué hacer. No sabes cómo enfrentar la situación. Si decirle a tu esposo, o seguir con el romance a escondidas. ¿Cómo enfrentar y confesar la infidelidad?

Un día sales apurada para el trabajo y dejas el celular en casa. Te llaman y tu esposo contesta. Para su sorpresa, habla la persona con la cual has estado intercambiando intimidad emocional. Tu esposo revisa tus mensajes, tus fotos, tus videos, y comprueba toda la verdad. Se siente herido, enojado, traicionado y espera a que llegues para hablar. ¿Cómo él puede confrontarte? ¿Cómo puede pedirte las explicaciones de tu infidelidad sin hacer de ello la tercera guerra mundial?

Errores que debes evitar.

1- Contarle a medio mundo lo qué pasó :

Existen personas que, al descubrir la infidelidad de su pareja, hacen de eso la noticia del día. Llaman a la familia y a los amigos para anunciar lo qué pasó , y en otros casos hasta lo publican en la internet. Todo con la intención de dañar la imagen del otro, y llamar la atención sobre ellos mismos desarrollando el papel de víctima. Este tipo de conductas es poco inteligente, porque la infidelidad es la consecuencia de un desbalance matrimonial, donde ambos son responsables; y usar la caída del otro para pisotear su imagen, y llevarlo a la destrucción, no solo daña al otro, sino también a quien lo hace. Ya que, ambos son expuestos a la vergüenza pública. Los problemas matrimoniales se resuelven en el marco matrimonial, y cuando no se puede llegar a un ajuste adecuado, es conveniente la ayuda de un tercero en posición neutral, como un profesional especializado en temas de parejas.

2- Pedirle consejo a la familia o amigos cercanos:

Aunque la familia y los amigos más cercanos forman parte de nuestro círculo afectivo, ellos son los pésimos consejeros en este tipo de situaciones. Porque, como están involucrados emocionalmente con nosotros, no tienen un punto de vista objetivo. Su opinión estará basada en los sentimientos y criterios que tienen hacia nosotros, y no desde una perspectiva neutra. Por eso, es importante pedir ayuda a una persona que pueda mirar todo el panorama desde afuera, estudiar la situación, y que no tenga vínculo emocional con la pareja. A veces suele suceder que, cuando la pareja le cuenta su problema a la familia, la familia puede aconsejar que es necesario la separación. Pero si la pareja decide perdonar y arreglarse, la familia se queda con ese problema en el corazón, y aunque la pareja siga su vida y haya pasado la página, la familia llevará la cuenta y en su momento le pasará la factura. También puede pasar que, el trato de la familia hacia el otro cambie, aunque todo se haya solucionado. Los amigos más cercanos casi siempre te van a decir aquello que quieres escuchar. Sus consejos estarán basados en el miedo a no perder tu amistad, ni los beneficios que ella representa. Son muy pocos los amigos que verdaderamente te dirán la verdad en tu cara, sin importar tu reacción.

3- Pensar que es el fin del mundo:

Descubrir que tu pareja, a la que le has entregado años de tu vida, tus sueños, tus proyectos, te ha traicionado, no es fácil. Es un momento en el que piensas que todo se acabó. Que los esfuerzos de toda una vida fueron en vanos, que como fue posible que alguien pudiera tomar tu lugar, lo que es tuyo. En fin. Se siente terrible. Pero hacer drama, no ayuda. Pensar que es el fin del mundo puede ser una reacción hasta cierto punto normal, ya que, descubrir una infidelidad es un trauma que se produce en el cerebro de la persona que recibe el impacto. Y el efecto de ese trauma, estará determinado en gran medida por los valores, principios, criterios, personalidad, fortaleza emocional y por la percepción de la persona sobre los eventos en el momento que recibe la noticia. La infidelidad de la pareja es un momento de crisis que hay que tratar y superar, pero no es el fin.

4- Tomar venganza:

Ante el dolor de una infidelidad es común que la parte ofendida se sienta herida y burlada; e intente compensar su sufrimiento por medio del dolor del otro, o sea, empleando la venganza. ¡Me la hizo! ¡Me la paga! Pero es un error usar este método como recurso porque cierra el proceso de análisis, comprensión y fallo de responsabilidades mutuas; y solo se enfoca en producir heridas y dolor. La venganza endurece el corazón de la persona que la emplea, y cuando el enojo perdura en el tiempo se convierte en amargura.

5- Tomar decisiones drásticas por impulso:

Las decisiones tomadas en un momento de impulso sin pensar, están basadas en lo emocional, más que en lo racional. A veces la persona de manera instantánea opta por la separación o el divorcio, creyendo que no puede perdonar y que el amor se acabó. Es un error pensar que todas las personas que son infieles emocionales no aman a sus parejas. Al contrario, la mayoría de ellos no quieren romper con sus matrimonios, y básicamente lo que buscan con la infidelidad emocional es llamar la atención, sentirse atendidos o elevar su autoestima. Otras de las decisiones apresuradas que puede tomar una persona herida es el suicidio. El ofendido producto de su dolor, no piensa de manera racional, y puede tomar la decisión de terminar con su vida. Por eso es que, se debe esperar a estar en calma antes de tomar cualquier decisión.

6- Ocultarlo, pretender que nunca pasó o minimizarlo:

Ocultar el problema no lo quita ni lo soluciona, sino que lo agranda. A veces el cónyuge que descubre la infidelidad se hace el de la vista gorda por miedo a perder la relación, evade el asunto y opta por sufrir en silencio. Esto no solo lo enferma, sino que, aplaza el momento de confrontación. En otros casos, tienden a minimizar el problema como si no tuviese importancia. Pero, descubrir que hay algo mal en la relación es más que suficiente para sentarse a dialogar el asunto con calma por muy malo que sea.

7- Empezar un plan de reconquista:

Crear un plan de reconquista sin confrontar el asunto es dañino. Porque te encontrarás compitiendo con el otro por el amor de tu pareja. Llenarle de atenciones y ocuparle una agenda para que esté ocupado para ti es estresante y agotador, porque en el fondo sabes que hay alguien más, y si no lo hablas ese fantasma te seguirá. Hay que dialogar, confrontar la infidelidad y limpiar el camino.

Confesando una infidelidad emocional

Confesar una infidelidad y pedir perdón no es cosa fácil, sobre todo si está en juego la estabilidad del hogar y la confianza de la pareja. Pero, ¿Cuándo debo confesar una infidelidad? ¿Por qué debo confesar una Infidelidad? Y ¿Cómo debo confesar una infidelidad?

¿Cuándo debo confesar una infidelidad emocional?

- Cuando has cruzado la línea entre la mistad y el romance, y la otra persona sabe que le gustas y hay atracción sexual.

- Cuando has compartido información privada que es exclusiva de la pareja, y has enviado fotos y videos.

- Cuando se ha roto el compromiso matrimonial de fidelidad.

- Cuando se ha involucrado sentimientos y emociones con ese tercero y ha habido reciprocidad.

- Cuando ya no puedes pensar racionalmente porque tu mente es invadida por los pensamientos de amor hacia el tercero.

- Cuando tu vida y tus relaciones están siendo afectadas porque esa otra persona ocupa espacio en tu vida.

- Cuando tu imagen e integridad están siendo degradadas moralmente.

Si el hombre miró a una mujer, tuvo pensamientos eróticos con ella en un momento, y luego siguió su camino, y se olvidó de eso. No es algo que se debiera confesar, porque eso pasa todos los días. Eso es algo que el ser humano puede resolver solo sin llegar a males. Pero, cuando se establece una relación en el tiempo, de manera prolongada y que involucra intercambio o enamoramiento, y que, además, comienza a afectar el funcionamiento del individuo y su entorno, ahí sí es necesario confesar que hay una infidelidad emocional.

¿Por qué debo confesar una infidelidad emocional?

- Porque nos libera de las maldiciones, aunque no nos excluye de las posibles consecuencias. Pero, al confesarlo y arrepentirnos por ello, podemos recibir perdón, encontrar gracia y ayuda para seguir adelante.

- Porque nos hace reconocer que hemos fallado, que tenemos debilidades que debemos superar y nos permite asumir responsabilidad por nuestras acciones.

- Porque nos permite ser sinceros ante nuestra pareja. Es mejor que lo sepa por nosotros y no que se entere por sí mismo, o que se entere por alguien más. Especialmente si se ha compartido fotos privadas y tienes el riesgo que el tercero las publique.

- Porque es necesario que reconstruyan la unidad matrimonial sin la influencia externa de personas, para que puedan crecer juntos.

- Porque es mejor prevenir y alertar a tu pareja, en caso de que se haga público y eso pueda afectar tu carrera y tu reputación. Tu pareja debe estar preparada.

Aunque hay personas que, por miedo al abandono prefieren no decirle nada a su pareja y mantienen oculta la infidelidad; es mejor tomar la decisión de hablarlo. Porque tarde o temprano todo saldrá a la luz, todo se descubrirá. Y es más elegante que se entere directamente por ti, a que se entere por fuentes externas.

¿Cómo debo confesar una infidelidad emocional?

Antes de hablar con el cónyuge, lo primero que necesitas es tener un momento a solas para reflexionar, poner en orden las ideas, encontrar las fuerzas para enfrentar lo que venga y hallar la sabiduría para hablar con la pareja sobre la infidelidad que los afecta. Es necesario pedir la ayuda de Dios para que tome el control de la situación y los fortalezca. Y es importante tomar en cuenta las siguientes recomendaciones:

- Buscar un lugar adecuado, que sea calmado y alejado de la gente, y de los ruidos del medio ambiente que puedan causar distracciones.

- Buscar un momento del día para hablar. Que no sea antes de dormir cuando la pareja está cansada, o temprano en la mañana cuando la pareja estar apurada para el trabajo. Sino un momento del día donde no haya estrés, apuro ni presión.

- Evitar escribir una carta, hablar por texto, por teléfono, o tratar el asunto matrimonial por medio de mensajes de voz. Es preferible que todo el problema sea tratado de forma personal, directa y clara, teniendo un contacto físico con la pareja.

- Evitar las críticas, culpas, chantajes, reproches, manipulaciones y agresiones durante la conversación. Tratar el asunto con toda la responsabilidad posible sin dañar al otro más de lo que está.

- Mantener el respeto por la pareja todo el tiempo durante la conversación a pesar de que estamos hablando sobre la infidelidad.

- Hablar con serenidad y mantener la calma, te ayudarán a pensar coherentemente durante la conversación, y te permitirá tener el control de lo que quieres lograr.

- Estar preparado para las posibles reacciones del cónyuge cuando reciba la noticia. Estar preparado te permitirá tener alternativas y posibles soluciones si ocurren imprevistos durante la conversación.

Ejemplo de una confesión:

" ¡Hola mi amor! Tengo que confesarte algo que me ha estado pasando desde los últimos meses, y que quizás no te has dado cuenta, pero que ha estado afectando mi vida y nuestra relación. Conocí a una persona por internet, con la cual, yo he estado intercambiando mensajes, llamadas, fotos, videos y experiencias de vida íntima. Yo sé que eso está mal, que te he fallado, he fallado a nuestra relación, violando los principios y rompiendo el pacto, pero deseo cambiar y estoy dispuesta a hacer los ajustes necesarios para que nuestro matrimonio funcione. Pero necesito confesarte mi error, porque de guardarlo me enfermaría, y no tendría paz. Ni tampoco quiero que te enteres por terceras personas, en caso de que un día el llegara a contactarte".

En momentos como este quizás el ofendido comience a hacer preguntas de ¿Cómo? ¿Por qué pasó? ¿Cuánto tiempo ha durado esto? ¿Lo amas? Es importante proporcionarle toda la información que pide con la mayor claridad y paciencia. Siempre con el objetivo de llevar la conversación a una reconciliación por medio del verdadero arrepentimiento. Es importante mantener la autoestima alta del otro, no faltarle el respeto ni culparlo por lo sucedido. El objetivo es dialogar y arreglar las cosas, no pelear.

Confrontando una infidelidad emocional.

Confrontar la infidelidad emocional de la pareja no es fácil. Sobre todo, porque la persona que lo descubre se siente traicionada, ofendida y burlada, y teme que la pareja la siga hiriendo con más mentiras cuando le pida explicaciones. Pero, ¿Cuándo debo confrontar una infidelidad emocional? ¿Por qué debo confrontar una infidelidad emocional? y ¿Cómo debo confrontar una infidelidad emocional?

¿Cuándo debo confrontar una infidelidad emocional?

- Cuando ves las señales de que tu pareja te está siendo infiel emocionalmente. Él, muestra los síntomas y además deja evidencia de que existe un tercero en la relación.

- Cuando descubres fotos, videos, lees los mensajes y escuchas las conversaciones durante las llamadas de infidelidad.

- Cuando tienes la mente clara y tranquila sobre lo que le vas a decir, después de haber llorado, gritado y sacado el enojo en el momento que lo descubriste.

- Cuando sabes que, no puedes guardar la verdad, ni fingir que no está pasando nada, y necesitas saber todo sobre la infidelidad.

Es posible que, en el momento que uno descubre la infidelidad de su pareja, necesite desahogarse, y sacar todo el dolor y la furia que tiene dentro, y si es posible buscar ayuda profesional en caso que lo necesite; y después que se haya regulado emocionalmente, saque la voluntad para confrontar al cónyuge.

¿Por qué debo confrontar una infidelidad emocional?

- Porque si mantenemos oculto el que sabemos sobre la infidelidad, este se convierte como en un cáncer. Comenzaremos a hacernos ideas y a imaginarnos nuestra propia versión de los hechos, inventando fantasías que luego terminaremos por creer como verdad.

- Porqué mantener la verdad oculta pretendiendo que no pasa nada, seguirá creciendo y terminará por dañarnos.

- Porque no confrontar la infidelidad acabara por enfermarnos psicológicamente decayendo nuestra autoestima y nuestros sueños.

- Porque es importante que el otro sepa que somos consiente de lo que está haciendo. Eso le abrirá y los ojos y lo forzará a tomar decisiones sobre lo que quiere en la vida.

- Porque es necesario ver hasta dónde se ha roto la lealtad y confianza, y comenzar a restaurar la unidad matrimonial, si es que la pareja no quiere separarse.

El miedo a confrontar una infidelidad es grande porque la persona no quiere escuchar rechazo hacia ella por parte de la pareja, no quiere sentirse que no es amada, ni sabe cómo reaccionará su pareja cuando se sienta cuestionada. Tampoco sabe si la persona está planeando quedarse con ella o irse con el otro.

¿Cómo debo confrontar una infidelidad emocional?

Para confrontar una infidelidad emocional en muy importante mantener la calma, quizás no es lo más fácil, pero es lo más necesario. Tanto confesar como confrontar la infidelidad, los puntos que vimos anteriormente como: buscar un lugar a solas donde no haya distracciones, usar un momento del día sin estrés ni apuros por el tiempo, y hablar directamente con la persona sin usar cartas o mensajes de voz son iguales para los dos casos. También es importante tener en cuenta las siguientes recomendaciones:

- Después de hacer las preguntas a su cónyuge, déjelo hablar hasta el final. No lo interrumpa. Es necesario que él se desahogue y así usted tendrá más información para analizar.

- Haga las preguntas concretas atacando el problema y no atacando a su pareja.

- Enfóquese en el asunto presente, no traiga una lista de errores pasados ni quiera resolver en ese momento todo lo que no se ha resuelto durante la relación.

- No critique, ni juzgue, ni descalifique, ni hables de manera agresiva. Yo sé que el dolor y el enojo pueden ser grande, pero la violencia no ayuda, solo empeora las cosas.

- Dialogue en todo momento y tome tiempo para pensar. No busque una solución inmediata, ni tampoco evite tomar decisiones.

Ejemplo de una confrontación:

"¡Mi amor! Anoche, mientras te estabas bañando revisé tu celular, y encontré que una tal Raquel te estaba enviando textos con fotos desnudas, y que unos minutos antes tú le habías enviado textos con fotos a ella también. También estuve viendo tu historial de llamadas y para mi sorpresa ustedes hablan más de diez veces al día. En tus mensajes de voz, escuche que le dices que la amas, y yo quiero saber… ¿Quién es esa Raquel? ¿Desde cuándo le hablas? ¿Qué tanto la amas? ¿Qué planes tienes con ella? ¿Han tenido sexo? ¿Qué pretendes hacer con nuestra relación?"

Cuando uno confronta una infidelidad emocional es normal que existan emociones encontradas. El individuo queda traumado según la manera en cómo vive los hechos y como los ha interpretado. La mayoría sufre un estrés post-traumático que luego con el tiempo va mermando. La persona puede que no coma, no duerma, tenga pesadillas, sufra depresión o ansiedad. Puede que sienta miedo a perder el matrimonio. Culpa por haber fallado. Vergüenza por haber defraudado a su familia. Depresión por el cargo de conciencia y el remordimiento de no haber hecho nada a tiempo. Desconfianza y la incapacidad de volver a creer debido a las tantas mentiras. Indignación por las falsas promesas que no cumplió. Desprecio porque no te valoró. Impotencia y reproche porque no prestó atención desde el primer momento que notó que algo estaba mal y no le dio importancia al asunto. En fin, las reacciones pueden ser muchas, así como los efectos psicológicos.

Efectos Psicológicos

Los efectos psicológicos de una infidelidad emocional ocurrida en la pareja suelen ser múltiples, sobre todo para la parte que sufrió el daño; aunque no podemos descartar que para el que fue infiel, también lo persigue el sentimiento de culpa y remordimiento por haber fallado. Aunque a los hombres les preocupa más la infidelidad física de sus mujeres, es decir, que ellas tengan sexo con el amante; mientras que a las mujeres les preocupa más la infidelidad emocional, es decir, que ellos se enamoren; ambas infidelidades son igual de dañinas para ambos sexos.

En el alma, que es el área psicológica del ser humano, se encuentras tres esferas: la mente, la voluntad y las emociones. Vamos a analizar los efectos psicológicos de la infidelidad desde estos ángulos:

- Efectos psicológicos desde la esfera de la mente: el individuo tiene pensamientos recurrentes sobre la infidelidad de su pareja. Constantemente repasa la historia, analizando fechas, salidas, llamadas, eventos, el tiempo que pasaba en la casa y en el trabajo, intentando armar su versión de los hechos como un rompecabezas. Esto le afecta considerablemente los primeros días posterior a la noticia. Si leyó el intercambio de textos y fotos, lo recordará y tendrá los flashbacks.

- Efectos psicológicos desde la esfera de la voluntad: el individuo tendrá ciertos cambios en su conducta. Se volverá casi un detective obsesionado con la intención de cuidar no ser engañado una vez más. Se volverá más vigilante y celosa, revisará las cuentas bancarias, las llamadas, los correos electrónicos, las redes sociales.

- Efectos psicológicos desde la esfera de las emociones: el individuo sufrirá un impacto de emociones como si estuviera en una montaña rusa. Y es que, la infidelidad muchas veces es comparada al trauma que genera pasar por una catástrofe natural. La persona sufrirá de depresión, estrés, ansiedad, preocupación, baja autoestima, vergüenza, culpabilidad, negación, desconfianza, tristeza, miedo y otros más.

Los efectos psicológicos tienen un impacto en el cuerpo, ya que, el cuerpo solamente será un reflejo de lo que hay en la mente. Y como no hay armonía internamente, tampoco habrá armonía externamente, produciendo que este se enferme. La persona puede tener pérdida del apetito, no comer, o comer en exceso, o comer y vomitar; puede tener problemas del sueño, no dormir o dormir demasiado; dolores de cabeza, migrañas, alergias múltiples, problemas cardiacos, problemas respiratorios, problemas sanguíneos, problemas nerviosos, problemas musculares, y muchos problemas sicosomáticos.

Procesos psicológicos

Los procesos psicológicos de la infidelidad emocional están determinados por tres factores importantes:

1- ¿Cómo lo vivió? – Cómo vivió el hecho de la infidelidad emocional.

2- ¿Cómo lo procesó ? – Cómo analizó los hechos de manera racional.

3- ¿Cómo lo enfrentó? – Cómo enfrentó la situación, superó y salió de ella.

El matrimonio es un voto y un compromiso entre dos; así que, cuando aparece el tercero, se percibe como el intruso que llego a desestabilizar, dividir y destruir la relación. El tercero es ese que no forma parte del pacto, pero que está ocupando espacio y que disfruta de los privilegios que, por ley, no le corresponde.

El rechazo es uno de los procesos psicológicos más frecuentes ante una infidelidad, creando un ciclo repetitivo de heridas y represalias. Cuando sentimos que no somos amados ni aceptados, consciente o inconscientemente responderemos con rechazo, no solo hacia nuestra pareja sino también hacia nosotros mismos. El dolor de la traición cuando no es tratado y ventilado de la manera correcta produce enojo que eventualmente se convierte en amargura. La amargura se arraiga en el corazón desplegando una contaminación tóxica . ¿Cómo voy a perdonar a alguien que me ha traicionado y reemplazado por otra? Perdonar no es estar de acuerdo, es simplemente liberarse a sí mismo del deseo de venganza y extender compasión y misericordia al ofensor, librándote de la amargura que produce el resentimiento.

El arresto emocional es otro de los procesos psicológicos más frecuentes, que termina por destruir a quien los padece. Esto hace que la persona constantemente se culpe por lo que el otro le hizo, lesionándose física y emocionalmente, convirtiéndose en su propio enemigo. Esta desconexión y separación crea un divorcio emocional. El divorcio emocional en un proceso de distanciamiento en la pareja, donde la persona cada día va sintiendo menos y menos por la otra, hasta no sentir nada.

Capítulo 7
"Arrepentimiento"

Pensamiento:
"Las reformas externas en la vida de las personas duran muy poco,
cuando los errores no son reconocidos con sinceridad. Los verdaderos
cambios que perduran, nacen internamente".

Mi infidelidad ofende a mi cónyuge , rompe el pacto matrimonial, daña mi testimonio, pone en crisis mi identidad y rompe mi equilibrio interno, afectando mi relación con mi pareja. Al practicar la infidelidad emocional pierdo el gozo, llenando mi vida de contradicciones, conflicto y confusión, cayendo en un vacío existencial, mutilando mi dignidad.

Tener comunión con Dios y disfrutar de una excelente comunión con el cónyuge , es todo un privilegio que Dios nos otorga por medio del Espíritu Santo. Pero la presencia del pecado como la infidelidad emocional interrumpe estas bendiciones acarreando grandes consecuencias. Por lo que, para reestablecer el gozo de la comunión es necesario un genuino y verdadero arrepentimiento interno, dejando a un lado las excusas y argumentos, y asumiendo responsabilidad con una actitud de cambio. Muchas veces, después de confrontar la infidelidad, la pareja decide permanecer juntos y seguir la relación, pero, para ello es necesario tener un verdadero arrepentimiento que permita hacer todos los cambios necesarios para reconstruir dicha relación.

¿Qué es el arrepentimiento?

El arrepentimiento es un cambio de perspectiva en relación a todo lo que se ha estado obrando mal, producto de una auto evaluación genuina de las acciones pasadas, de un reconocimiento de fallas y errores, orientando las acciones y decisiones hacia una nueva dirección. El arrepentimiento es un paquete completo que se muestra mediante la evidencia de pruebas concretas de cambio. Las pruebas concretas se verán reflejadas en cinco áreas fundamentales:

-   El área cognitiva

-   El área conductual

-   El área física

-   El área emocional

-   El área social.

1- Cambio en el área cognitiva producto del arrepentimiento.

La persona comienza tomando conciencia de sus actos, mediante un análisis profundo de sus errores. Esto le hace abrir los ojos y reconocer sus acciones asumiendo su responsabilidad. Si la persona no ha creado conciencia de sus errores, no tendrá un genuino arrepentimiento, le adjudicara culpa a otros y los cambios externos solo servirán para llevar una vida de apariencias.

2- Cambio en el área conductual producto del arrepentimiento.

La persona comienza a ser coherente en su conducta. Se verá una armonía entre lo que dice y lo que hace. Sus acciones serán un reflejo concreto de su genuino arrepentimiento. Por ejemplo: si dijo que terminó de una vez la relación con la amiga que tenía por internet, se verá que realmente eliminó las aplicaciones, bloqueó a esa persona o cambió su número de teléfono, y que terminó realmente con ese contacto.

3- Cambio en el área física producto del arrepentimiento.

La persona dejará de llevar una doble vida. Tendrá mayor estabilidad física, mayor tranquilidad, mayor salud, mayor concentración, y por ende mayor felicidad y rendimiento laboral. Físicamente se mostrará más conexión en la relación y más balance. Eso incluye más intimidad, gratificación y exclusividad.

4- Cambio en el área emocional producto del arrepentimiento.

La persona sentirá un profundo dolor por el fallo cometido, y a su vez sentirá un profundo rechazo hacia el mismo. Si antes le producía placer, ahora le produce asco. Si antes lo atraía, ahora lo repulsa. Y esta es una de las principales señales de que ha habido un verdadero arrepentimiento.

5- Cambio en el área social producto del arrepentimiento.

La persona tendrá un cambio en las relaciones y amistades, poniendo límites y estableciendo barreras de intimidad. Vivirá una vida matrimonial transparente y genuina, y eso hará que su luz sea visible a todos. Por lo que, no tendrá que dar tantas explicaciones, ni expresar que tanto ama, porque sus acciones hablarán por si solas.

Ejemplo de un genuino arrepentimiento.

Juan es un hombre que ha estado casado con María por 10 años. Él es un exitoso empresario con tres hijos, que, no ha podido compartir mucho tiempo con su familia por cuestiones de trabajo. Viaja mucho, hace conferencias fuera de la ciudad, ocupa mucho su tiempo en reuniones y proyectos, y producto de eso, su vida matrimonial se ha ido afectando. Desde hace unos meses ha estado teniendo relaciones emocionales con una muchacha que conoció en uno de sus viajes, y con la cual se ha mantenido en contacto por medio de la internet. Su esposa descubrió el incidente en uno de sus descuidos y lo confrontó. Después de un periodo profundo de crisis y problemas. Juan se arrepintió de su falta, le pidió perdón a su esposa e hizo los ajustes necesarios para reconstruir la relación y fortalecer su matrimonio. ¿Cómo la esposa se convenció de que realmente Juan había tenido un profundo arrepentimiento?

- Porque vio el cambio en el área cognitiva: Juan realmente reconoció que había actuado mal. Analizo sus fallas y no la culpó a ella por su infidelidad, sino que, asumió toda la responsabilidad del problema.

- Porque vió el cambio en el área conductual: Juan cambió su actitud cerrando con todas las puertas que habían estado abiertas a la infidelidad, y abriendo todas las puertas que habían estado cerradas al matrimonio. Canceló sus aplicaciones.

- Porque vió el cambio en el área física: Juan mejoró su salud física, dejando de llevar una doble vida, para llevar una vida auténtica de amor genuino con su esposa.

- Porque vió el cambio en el área emocional: Juan ya no sentía placer por la otra, sino que todo su placer se centraba en la relación con su esposa. Y cualquier otra relación le producía rechazo.

- Porque vió el cambio en el área social: Juan mostraba evidencia social del amor hacia su esposa. Amor que todos podían apreciar y que ella misma se daba cuenta que no era fingido ni actuado.

Ejemplo de un falso arrepentimiento.

Rosa es una mujer exitosa profesionalmente, casada con Raúl desde hace 13 años, y con dos hermosos hijos. Ella es la directora de una universidad prestigiosa reconocida internacionalmente. Desde hace 3 años se enamoró de uno de los profesores del lugar, creando un acercamiento afectivo fuerte. Actualmente son mejores amigos, salen a menudo, se comparten secretos, se regalan cosas, él sabe que ella lo ama, y ella sabe que el siente atracción sexual por ella. Han tratado de manejar la situación dentro de lo que consideran normal porque está el matrimonio de por medio, pero a veces las cosas se han salido fuera de control con el envío de cartas y llamadas telefónicas con contenido sexual. Un día el esposo se enteró de la situación y la confrontó. Ella le se arrodilló , le rogó que no la dejara, le pidió perdón y le prometió que tomaría las medidas necesarias para cambiar su conducta y seguir con el matrimonio. Que ella lo amaba y que la infidelidad emocional era solo un juego sin importancia. Pasado unos meses, el esposo se enteró de nuevo que ella había seguido en contacto con el profesor, y que no había roto del todo la comunicación ni parado con los encuentros.

El arrepentimiento no es arrodillarse, pedir perdón, llorar amargamente, hacer una confesión pública, o sentir vergüenza. El arrepentimiento es un proceso integral de cambios radicales. No importa cuánto llores, digas que lo "sientes", "que no volverá a pasar", si no hay cambios es porque no ha habido un verdadero arrepentimiento.

Proceso de Arrepentimiento.

Presentaré un cuadro dividido en siete pasos para el proceso de arrepentimiento. Es necesario que tomes un papel en blanco, lo dividas en sietes partes y en cada parte contestes las siguientes preguntas. Esto te ayudara a elaborar una guía en el proceso de arrepentimiento para tomar conciencia y hacer los cambios necesarios.

- Parte 1: ¿Qué hice mal? Hacer una lista de todas las malas decisiones realizadas durante la infidelidad emocional. Por ejemplo: coqueteo, pensamientos indebidos, mensajes de textos, video llamadas, salidas, conversaciones, etc.

- Parte 2: ¿Qué era lo que se suponía que yo debía haber hecho? Hacer una lista de todas las posibles respuestas que yo debía hacer hecho para evitar la infidelidad emocional. Por ejemplo: no haber contestado las llamadas, no haberle dado mi número telefónico, no haber enviado las fotos. No haber jugado con esas ideas de infidelidad en mi cabeza, no haberme involucrado emocionalmente con esa persona, etc.

- Parte 3: ¿Cómo me afectaron psicológicamente mis decisiones y a mi pareja? Hacer una lista de como yo herí a mi pareja. De todo el dolor que sintió, sus reacciones, y las consecuencias que todo eso trajo a nuestra relación. Hacer también una lista de todas las consecuencias negativas que trajo a mi vida esa infidelidad.

- Parte 4: ¿Qué debo hacer para corregir y cambiar mi actitud? Hacer una lista de todos los cambios que necesito hacer para erradicar mi infidelidad emocional y restaurar mi matrimonio. Por ejemplo: eliminar ciertas aplicaciones, bloquear contactos, establecer límites, etc.

- Parte 5: Pasos que debo seguir para realizar ese cambio. Hacer una lista con todas las decisiones que debo tomar y organizarlas creando un plan de acción. Y llevar el cambio a la práctica.

- Parte 6: ¿Cómo sería mi cambio visible al resto de la sociedad? Hacer una lista de los daños que debo restaurar, las pérdidas que debo reconstruir y la confianza perdida que debo volver a construir.

- Parte 7: Que medidas debo tomar para no caer de nuevo en la infidelidad emocional? Hacer una lista de medidas para evitar futuras caídas, por ejemplo: no socializar con ciertas compañías, no frecuentar ciertos lugares, trabajar en mis debilidades y fortalezas.

Consecuencias de no arrepentirse.

El no arrepentirse de una infidelidad trae dos grandes consecuencias:

1- Te saca fuera del periodo de Gracias.

Cuando cometemos un error tenemos un periodo de gracias donde podemos reconocer la falta, arrepentirnos, y retomar nuestro camino. Pero, ¿Qué pasa si, tu pareja se cansa de hablar contigo sobre tu infidelidad, esperando ver un cambio en ti que no llega, y decide terminar la relación sin vuelta atrás? Significa que tu periodo de gracia acabó.

2- Te endurece el corazón.

Al principio que cometemos un error, sentimos el dolor, y el llamado de atención de nuestra conciencia de que lo que estamos habiendo está mal. Pero luego con la práctica se hace costumbre y nuestra conciencia se cauteriza donde ya no sentimiento dolor ni remordimiento. La falta de perdón hace que nos endurezcamos más.

Tipos de arrepentimientos.

Después de enfrentar y confrontar una infidelidad emocional se pueden dar tres tipos de arrepentimiento en la pareja:

1- Arrepentimiento por el dolor ocasionado a la pareja, pero no por la infidelidad emocional cometida.

La persona se arrepiente de haber herido, engañado, hecho sufrir al cónyuge , y de haber traicionado la confianza. Pero no se arrepiente de haber sido infiel, porque siente que, en un momento determinado de su vida ese tercero le dio algo que necesitaba. Llenó un espacio vacío que tenía.

2- Arrepentimiento por el dolor ocasionado a la pareja y también por la infidelidad emocional.

La persona realmente se arrepiente por el dolor que le causó a su pareja y también por la infidelidad; reconociendo que no valió la pena perder tiempo, dinero y esfuerzo en algo que nunca lo llenó ni lo satisfizo. En este caso es más probable que la relación matrimonial pueda salvarse, porque al reconocer que no valió la pena lo que pasó, las probabilidades de que la persona vuelva a caer en ello son bajas.

3- Arrepentimiento por la relación matrimonial.

Cuando el cónyuge herido toma venganza por el dolor recibido, y se desquita humillando, maltratando, y haciendo sufrir al otro; en la mayoría de los casos el que fue infiel opta por la separación. Porque es mejor el divorcio que vivir en un campo de batalla. Aunque la persona se arrepienta, y en el fondo ame a su pareja; la venganza del otro hace que, lo poquito que quede en la relación desaparezca terminado con toda posibilidad de reconstrucción.

El amor y la fidelidad son decisiones que tomamos basados en valores y principios. Se requiere de auto control y fuerza de voluntad para mantener una relación monógama. Nacemos siendo infieles debido a que, nacemos desconectados de Dios, y, por ende, no podemos conectar con el ser humano que fue hecho a imagen y semejanza de Dios. Solo conectándonos con Dios y manteniendo una comunión con él es que es que, podemos mantener un compromiso total con la pareja.

Capítulo 8
"La infidelidad espontánea y la infidelidad recurrente. ¿Cuándo perdonar?"

Pensamiento:
"Si perdonas una vez, debes estar preparado a que sí, y puede que no, venga una segunda falla. Pero si perdonas dos veces, entonces no te quejes de la tercera".

Existen muchas razones para ser infieles. Eso es algo natural al cual no necesitamos hacer mucho esfuerzo. Cualquiera de nosotros puede ser infiel aún en el pensamiento. El amor requiere respeto y disciplina. Respeto por el ser amado y disciplina para organizar y controlar nuestros pensamientos. Si no hay respeto, entonces no hay amor, sólo deseo sexual rutina o costumbre. El respeto hace que uno sea fiel al ser amado y a los valores que sostienen la relación. Pero, cada vez que somos infieles emocionalmente o físicamente, faltamos el respeto y echamos por tierra los valores y, por ende, destruimos el amor.

Diferencias entre el hombre y la mujer en cuanto a la infidelidad emocional.

Usualmente el hombre casado cuando es infiel, suele tener una o varias aventuras amorosas, pero no tiene la intención de separarse de la esposa, ni dejar a los hijos. Mientras sus aventuras se mantengan en secreto y no se descubran, el mantiene su vida aparentemente normal como si nada estuviese pasando. Y si en algún momento llegaran a relucir los detalles de la infidelidad como fotos, mensajes de textos, páginas pornográficas, el intentará evadir la responsabilidad, y tratará de negar toda aventura cibernética. Y en caso de que se descubra la verdad, intentará pintarlo como algo normal, pasajero, sin importancia, y dirá que eso no afectará la relación matrimonial. O en otros casos extremos, acusará a la mujer de loca, celosa o dramática. El hombre tiende a ser infiel por un tema sexual, biológico, porque se excita mirando a una mujer atractiva y busca bajar su calentura.

En cambio, la mujer cuando es infiel emocionalmente lo hace por un deseo de llamar la atención, afecto, cariño, comprensión, por sentir que alguien la escucha y atiende a sus necesidades. En la mayoría de los casos de infidelidad femenina, la mujer está dispuesta a salir de la relación matrimonial porque se enamora del amante. Mientras que, en el caso del hombre, la amante es solo un juguete sexual para su entretenimiento y satisfacción. Pero, en el caso de la mujer, ella se queda conectada emocionalmente y psicológicamente, y le resulta fácil divorciarse, sobre todo si ella es una mujer independiente que trabaja, y no depende económicamente del marido. Existen casos donde las mujeres cuando han sufrido maltratos, o abandono en la infancia por parte de sus progenitores, tiende a ser infiel intentando llenar ese vacío emocional que no fue lleno en la niñez, y se queda en la relación por miedo al abandono, aunque lleve una doble vida.

Al hombre le preocupa más la infidelidad física de su mujer, mientras que a la mujer le preocupa más la infidelidad emocional del esposo. Para ella, es más importante saber si él se enamoró de la amante o no, o si solo fue sexo de una noche. La mujer por lo regular está más dispuesta a perdonar al marido si este no se enamoró de la amante, mientras que, en el caso del hombre, a este le preocupa más saber si la mujer tuvo sexo con el otro, el tema afectivo no le es tan importante.

Generalmente cuando el hombre descubre la infidelidad de su mujer, y aun así decide permanecer en la relación, sucede que, el comienza un plan de venganza hacia su pareja (esto ocurre cuando él no la ha perdonado). Toma control de ella creando ciertas limitaciones en su vida para poder controlarla y mantenerla bajo su dominio. Esto puede incluir:

-   Prohibirle trabajar para que no tenga contacto con otras personas.

-   Restringirle el teléfono, cambiarle el número del teléfono, o controlarle las llamadas y textos.

-   Prohibirle o restringirle el acceso a la internet.

-   Cancelarle sus redes sociales.

-   Exigirle tener cuentas juntos, como las cuentas de Facebook, o Instagram, donde él pueda tener acceso a los mensajes de sus amigos.

-   Prohibirle salir con amigos.

-   Limitarle las visitas de familiares a la casa.

-   Mudarse a otro estado o país para que ella pierda el contacto con sus amistades.

-   Maltrato psicológico diciéndole: "sin mí, tú no eres nadie", "estamos casados y tú no me puedes dejar", "esto es hasta que la muerte nos separe", "nadie te va a querer como yo".

Cuando la mujer está en esa situación, siente, en muchas ocasiones, que ella fue la culpable de todo eso, y que ella se merece todo ese castigo. Por lo tanto, ella calla en silencio, soporta, aguanta, justifica ese maltrato de manera irracional, y mantiene la esperanza de que algún día el cambiara, y las cosas serán diferentes. Lo que ella no sabe es que, esa emoción callada se enquistara en el cuerpo y se manifestara en forma de una enfermedad. El resentimiento y el dolor por los cambios hechos en contra de su voluntad se convertirán como en un cáncer interno.

Cuando el hombre ha sido el infiel, y, aun así, ella decide perdonar, y permanecer en la relación, también ocurre un efecto parecido. Quizás ella no haga toda una estrategia de venganza y deje pasar las cosas, pero no va a olvidar. La mujer tiende a perdonar, pero no a olvidar. Y en esos momentos donde la pareja tenga problemas o discusión, ella sacará el tema a la luz. Porque la mujer tiene la tendencia a guardar las cosas y a sacarlas en el momento que entiende preciso. Para salir de esa situación se requiere mucha honestidad, mucha terapia y mucha fuerza de voluntad.

Diferencia entre la infidelidad espontánea y la infidelidad recurrente

Ejemplo de un hombre:

"Voy a un evento. Me encuentro con una chica muy atractiva que habla sobre temas de mi interés, le pido su número de teléfono. Como yo sé que estoy casado y no puedo tener sexo con ella por respeto a mi familia, al menos establezco una comunicación con esta chica porque me atrae. Cuando llego a mi casa, le pido que me envíe fotos atrevida de ella, y si es posible un video para ver su cuerpo. me éxito con las fotos. Si mi esposa está cerca, tengo sexo con ella, y pienso que estoy teniendo sexo con la otra. Y si mi esposa no está cerca, me masturbo. Después de todo, nunca tuve sexo con esa mujer, ni siquiera un beso, entonces, nadie me puede acusar de infiel. Y si al final, terminé teniendo sexo con mi mujer, esta mujer me ayudó a excitarme".

¿Es infidelidad? - ¡Sí! No puedes hacer el amor con el cuerpo a tu esposa y tu mente pensando en la otra. Ninguna mujer acepta el 50% del amor de su pareja. "o todo o nada".

¿Para qué honrar de labios a la esposa y tener a la otra en la cabeza? ¿Para qué tener sexo con la pareja y pensar que el sexo es con la otra? Eso es infidelidad emocional, y no es necesario un contacto físico con el otro. el simple hecho de desearlo y pensar en él es más que suficiente. Cuando esto ocurre una sola vez durante entre 1-3 días la llamamos infidelidad espontanea. Pero cuando esto se vuelve un constante habito, durando semanas, meses o años, la llamamos infidelidad recurrente.

Infieles patológicos

Una imagen de contenido sexual quedará guardada en la memoria por aproximadamente 20 años, mientras no se retroalimente. Lo que significa que, cada vez que, vemos pornografía o establecemos un romance cibernético donde hay intercambio de fotos y videos eróticos, esas imágenes quedarán en nuestra memoria por largo tiempo; y aunque después decidamos abandonar eso, y seguir adelante con nuestra relación, los flashbacks (recuerdo de ello) estarán en nuestro cerebro y tendremos que aprender a lidiar con ello, para no caer de nuevo en el ciclo.

El ciclo de la adicción se desarrolla en tres pasos (Uso, Abuso y Dependencia). Al principio se presenta como algo inofensivo, pro luego con la práctica se puede convertir en una seria enfermedad.

-   Uso: el primer paso es el uso de redes sociales, sitios de internet, llamadas eróticas, o el consumo de videos o revistas pornográficas para su propia satisfacción.

-   Abuso: el tema sexual se va convirtiendo en una obsesión, y va tomando más control sobre su vida, donde la persona invierte más tiempo, energía y dinero para elevar su nivel de satisfacción.

- Dependencia: la persona está en un nivel de fijación sexual tan alto que, siente que sin eso no puede vivir, que esa es su única fuente de placer.

Codependencia hacia el adicto emocional.

Conservar a un adicto emocional y tratar de cuidar que él no lo sea contigo genera un estrés psicológico muy grande, y es algo muy difícil. Porque no depende 100% de ti, depende de que tanto autocontrol tenga esa persona sobre su propia vida, y que tanto compromiso y valores está dispuesto a respetar. Es cierto que, en todo problema matrimonial existen responsabilidades compartidas, lo que significa que, los dos son responsables por los problemas surgidos en la relación y necesitan ponerse de acuerdo para solucionarlos. Pero, a veces, algunas personas traen su disco duro (cerebro) dañado por situaciones que han vivido en la infancia o previas a la relación, y no han podido solucionar sabiamente, y luego arrastran esos problemas a su relación actual.

La infidelidad es una decisión. Tu elijes ser infiel. Tienes muchas razones para serlo, y tienes muchas maneras para evitarlo, y está en ti decidir qué vas a hacer. Nuestras vidas están basadas en decisiones y todas ellas tienen consecuencias, buenas o malas. Depende de ti que vas a elegir. La fidelidad es una decisión y la infidelidad también, ambas dependen de ti. Escuchamos a veces personas que dicen: "no lo pude evitar", "se escapó fuera de mi control", "me atrapó", "me cautivó ". Pero todo eso no son más que excusas para evadir la responsabilidad, porque… si no podemos cuidar nuestras mentes y nuestras vidas, ¿Cómo vamos a cuidar de nuestra relación matrimonial? Y si no tenemos autocontrol, ¿Cómo vamos a guiar nuestro matrimonio? Y si no podemos respetar nuestro matrimonio, ¿Qué hacemos en él? ¿Por qué nos casamos si no tenemos la madurez para conservarlo?

Si no tienes la madurez para estar, respetar y cuidar una relación, entonces no deberías estar en ella. El matrimonio no debería ser para todo el mundo, sino para las personas aptas y capacitadas para asumir esa responsabilidad. Porque, cuando estamos en una relación, y no tenemos la sabiduría para construirla y conservarla, la destruimos, y destruimos los sentimientos de nuestra pareja, y afectamos nuestro entorno y nuestra familia.

Una persona sana por lo general no tolerará la infidelidad de su pareja ni emocional, ni sexual; y se dispondrá a abandonar la relación cuando ve que esto ha ocurrido una o dos veces. Pero las personas no sanas emocionalmente, o co-dependientes justificaran la conducta del infiel, y se quedarán en la relación a pesar del dolor que les está causando. La persona que se queda en la relación sabiendo que su pareja es infiel, crea un vínculo de Dependencia – Co-Dependencia emocional entre ella y el adicto, estableciendo una enfermedad familiar.

Diferencia entre dependencia y co-dependencia.

- Dependencia: El adicto sexual y emocional.

Se convierte en una adicción cuando no se puede vivir sin ello, cuando comienza a obstruir la vida cotidiana, social, laboral y familiar, con la intención de buscar gratificación y satisfacción personal, y dejamos a un lado nuestras responsabilidades. La adicción a la infidelidad emocional, a la pornografía o adicción al sexo es una enfermedad, porque afecta el cerebro modificando ciertas zonas específicas del sistema nervioso central. La adicción es una enfermedad progresiva con daños y consecuencias fatales.

Por lo general, los adictos son mentirosos, ya que, intentan llevar una vida aparentemente normal, pero emocionalmente viven una doble vida. Son muy egoístas porque siempre piensan en ellos mismos y en su propia satisfacción. Presentan baja autoestima, por eso se encierran en su propio mundo de fantasías románticas y sexuales. Viven con sentimientos de culpa, porque de alguna manera saben que, lo que hacen está mal, pero lo continúan haciendo. Tienen cambios bruscos de estados de ánimos, porque, al vivir en dos mundos, crean dos emociones, y ese alto y bajo de amor – rechazo les genera mucha irritabilidad. Vivir en adicción hace romper las prioridades, metas y sueños, y al dejarse llevar por el deseo y el placer, lo que ocurre es que: "al aumentar la emoción, baja la razón", y la persona que constantemente vive en emociones y usa la adicción para generar esas emociones, va debilitando su capacidad para pensar razonablemente.

- Co-Dependencia: La pareja del adicto.

Se convierte en co-dependencia cuando la persona deja de funcionar normalmente y comienza a caminar alrededor del adicto, intentando controlar su conducta para que no caiga en la infidelidad. La co-dependencia es una manera compulsiva y enfermiza de relacionarse que muchas veces se confunde con el amor. A veces el co-dependiente piensa que ese es el rol que Dios le encomendó, ser ese mártir que soporta todos los males, ser esa alma protectora que todo lo perdona, el que carga la cruz y lleva la milla extra de la pareja, el que está para curar y sanar y cambiar al otro con su amor. Lo cual es un gran error. El co-dependiente se olvida de sí , para vivir la vida del adicto, cubriendo y justificando sus errores. No dejando que el otro sea responsable por sus propias acciones, tomando control de la vida del otro. Esto sólo generará mucha frustración.

Tanto el dependiente como el co-dependiente sufren del mismo mal, lo que lo manifiestan de diferentes formas. El dependiente con su adicción, pornografía y relaciones cibernéticas, y el co-dependiente con su adicción a controlar la vida al dependiente. Para salir de ahí, es necesario que los dos toquen fondo, a veces mediante un momento de dolor muy fuerte o una enfermedad. Es necesario que ambos se arrepientan y comiencen un proceso de sanación interna y personal.

¿Cuántas veces debo perdonar la infidelidad de mi pareja?

Perdonar a nuestra pareja porque nos falló, nos hirió, nos fue infiel es algo que debemos hacer. El perdón no es algo que hacemos porque el otro se lo merezca, sino porque nos libera a nosotros mismos de quedar atados a ese capítulo. El perdón nos ayuda a liberarnos del rencor, el odio y el resentimiento que acompaña el dolor de haber sido traicionado, y nos evita el estar planificando una venganza que puede resultar en ocasiones más dañina para nosotros que para el otro. cuando perdonamos, soltamos al otro, y lo dejamos ir, avanzando en nuestras vidas sin arrastrar piedras de amargura que luego nos podrían hundir.

- ¿Cuándo debo perdonar a mi pareja por la infidelidad? - ¡Siempre!

- ¿Debo permanecer con mi pareja después de una infidelidad? – ¡No siempre!

Perdonar al cónyuge por su infidelidad y permanecer con él en la relación matrimonial después de la infidelidad no es lo mismo. Perdonar y permanecer en la relación es un asunto personal y cada individuo sabe lo que es correcto para ellos. Además, se debe estudiar cada caso por separado, porque no es lo mismo si su pareja estuvo coqueteando por un corto tiempo, o si sostuvo una relación larga de más de 2-3 años. También hay que evaluar si el cónyuge se enamoró del otro, o si solo fue un juego que no involucró compromiso emocional. También hay que tomar en cuenta si esta fue la primera vez que fue infiel, o si es algo constante en la relación.

Después de una infidelidad emocional se debe esperar un tiempo de reflexión para saber si la pareja desea permanecer o no. Es recomendable que, si todavía se aman, después del arrepentimiento y el perdón, juntos comiencen un proceso de reconstrucción y crecimiento, arreglando todas las fisuras, trabajando en las debilidades, y estableciendo medidas y reglas (sin omitir la voluntad del otro), y (sin caer en el control), para levantar todo lo que se ha destruido. A veces, después de una infidelidad, las parejas toman conciencia, crecen, maduran y se fortalecen. Y la infidelidad, en vez de destruir, lo que hizo fue ayudar a mejorar la relación y la confianza. La pareja establece un nuevo capítulo, empieza una nueva etapa, mejora la comunicación, cuida más los detalles y refuerza las virtudes.

Pero, cuando la infidelidad es constante, en repetidas ocasiones, o, si después de haber perdonado y decidido continuar con la relación, descubres otra infidelidad, entonces, la cosa cambia, porque el otro está dando señales de que tiene un problema y que no valora tanto la relación. Muestra que no tiene la madurez ni el compromiso que se requiere para cuidar del matrimonio. Y si una persona no tiene las cualidades necesarias para responder de manera leal al compromiso matrimonial, entonces debería estar ahí. El permanecer en una relación a pesar de las múltiples traiciones es decisión propia, y habla más de cómo te tratas a ti, a de como tratas al otro. Porque una persona que realmente se ama, no dejará que el otro la trate por debajo del amor que ella se tiene a sí misma. El amor del otro tiene que ser coherente con el amor que tienes hacia ti mismo.

¿Qué es el perdón?

El perdón es un acto de liberación que nos permite avanzar en la vida sin arrastrar cadenas. El perdón no es olvidar lo qué pasó , no es hacer borrón y cuenta nueva, no es dejar pasar la ofensa. Perdonar es extender "Compasión y Misericordia". El perdón debe tener compasión y misericordia en el mismo nivel. No puede existir compasión sin misericordia, ni misericordia sin compasión. Las dos tienen que ir juntas de la mano. El perdón no es una obligación social, más bien, un acto voluntario, que parte de una virtud.

Compasión es cuando yo me pongo en el lugar del que me ofendió, y trato de entender porque esa persona actuó de esa manera; y en vez de condenarla o juzgarla, busco sus carencias, sus puntos débiles, entendiendo su comportamiento, sin justificarla, ni darle la razón por el mal acto. Compasión es tener empatía, es tratar de entender el dolor ajeno poniéndome en su lugar, y esto aplica para ambas partes. Tanto el que pide perdón debe entender el dolor que ha causado, como el que da el perdón debe entender por qué el otro hizo lo que hizo.

Misericordia es cuando yo, después de entender a mi ofensor, decido liberarlo del rencor y el resentimiento, y del deseo de venganza que produjo en mí su ofensa. Misericordia es un acto de liberación y sanación. Misericordia es un acto que parte del amor propio. Es no llevar registro del daño recibido, ni pagarle al otro con la misma moneda, ni acumular dolor ni negatividad en su contra.

En conclusión: "El perdón es la virtud de poder compadecerme del ofensor, entendiendo su conducta, y partiendo de mi paz interior yo decido extenderle misericordia, liberándolo del odio y del resentimiento que provocaron sus actos; y liberándome a mí mismo, tomando el control de mis pensamientos y emociones".

¿Cuándo pedir perdón?

Se debe pedir perdón, después que se ha tomado el tiempo suficiente para hacer el proceso de arrepentimiento expuesto en el capítulo anterior. Después que se ha estudiado la falla cometida, reconocido el error, y ha habido un cambio de mente, de actitud, de voluntad, y se ha visto restitución; entonces se puede pedir perdón.

Es necesario tener en cuenta que cuando yo pido perdón, estoy solicitando que el otro tenga compasión y muestre misericordia para conmigo. No le estoy pidiendo al otro que olvide lo que le hice, o que no me hable más del tema, sino que, le estoy rogando que me tenga compasión y misericordia. El otro pueda que nuca olvide, pero al menos le estoy solicitando romper con el odio y el rencor que ha surgido por mi falla, y le estoy solicitando la oportunidad de poder sanar el daño que causé. El perdón se pide después que ha habido un verdadero arrepentimiento, porque de no ser así, todo queda de labios para afuera, o para salir del paso, con altas probabilidades de volver a fallar.

¿Cuándo perdonar?

Se debe perdonar desde la paz interior. No porque el otro me está suplicando que lo perdone, y yo le diga "Sí, te perdono", significa eso que lo perdoné.. Porque si yo no he hecho el proceso de compasión y misericordia, ni tengo paz interior, entonces seguiré condenando al otro, y en momentos determinados lo haré pagar por lo que me hizo.

Primero tenemos que liberarnos nosotros mismos de los conflictos internos, de la culpa, la condena, del resentimiento; para luego, desde esa paz interior poder mostrarle al otro la compasión y misericordia. Recuerda que, cuando perdonas, estas renunciando a tu derecho de pagarle al otro por el mal que te hizo, evitando que tenga un castigo justo. Te estás liberando de ser el vengador.

Cuando yo perdono estoy en autocontrol de mi vida, y no dejo que nada ni nadie me robe mi paz interior. Tampoco permito que, los instintos y las circunstancias me gobiernen, ni me desvíen de mi propósito. Ya que, ante la infidelidad de mi pareja, yo decido no ser infiel, decido no actuar como el hizo, y no rebajarme a su nivel. Al soltar y dejar esa ofensa me mantengo como el protagonista responsable de mi mente y mis acciones.

Perdono, pero no puedo seguir en la relación… ¡Quiero el divorcio!

Perdonar una infidelidad y mantener la relación no es lo mismo, son dos cosas diferentes. Perdonar no significa que voy a seguir contigo a pesar de lo que me hiciste. Perdonar es entender tu infidelidad, y mostrarte compasión y misericordia por ello, lo que significa que no me voy a vengar de ti, ni te voy a exigir el pago por tu falla. Significa que me libero y te libero de todo resentimiento. Pero seguir contigo depende de mí disponibilidad para volver a confiar en ti, depende de cuanta muestra de profundo arrepentimiento veo, y que tanta disposición tengo para reconstruir todo lo que destruiste.

El ofendido tiene todo el derecho de elegir si quiere seguir o no con la relación después de haberlo perdonado. Ya que, muchas veces la relación se daña y el amor muere después de una infidelidad. Pero el perdón sirve para que los cónyuges no se lleven registro de las faltas, ni hagan de vidas una guerra mundial con tanta venganza, sino que, cada uno recupere su paz y comience una nueva etapa sin guardar rencor.

Ventajas y desventajas de continuar con la relación después de una infidelidad emocional.

Las ventajas de seguir con la relación después de una infidelidad son:

- Autoconocimiento:

Después de una infidelidad uno descubre sus debilidades (sino la sabía), reconoce sus errores, entiende lo que es capaz de hacer y lo que no, y se da cuenta que hay ciertas áreas en las que debe trabajar para mejorar su carácter y personalidad. Adquiere un mayor conocimiento de sí mismo, del otro, y de la relación en general.

- Aprendizaje:

La infidelidad nos enseña muchas cosas que no sabíamos. Aprendemos a conocer mejor a nuestra pareja. Aprendemos a conocernos juntos.

- Trabajo en equipo:

Después de una infidelidad se comienza un trabajo en equipo, donde los dos ponen de su parte para reconstruir y fortalecer la relación matrimonial.

- Redefinición de la relación:

Después de una infidelidad, la pareja se redefine buscando nuevas metas, nuevos sueños, trazando nuevos planes, orientando la relación hacían un objetivo claro y concreto.

Las desventajas que puede tener el seguir con la relación después de una infidelidad son:

- Flashbacks:

Los recuerdos de lo qué pasó , las imágenes, todo eso queda en la memoria por un largo tiempo, y saldrá en momentos determinados. Por eso es importante saber lidiar con los recuerdos para que no afecten durante la relación ni obstruyan el proceso de restauración.

- Comentarios de la gente:

Lidiar con los comentarios de la gente es difícil, sobre todo si se ha involucrado personas durante la infidelidad. Si se le comentó a familia y amigos, probablemente ellos no estarán de acuerdo en que la pareja permanezca junta, y es posible que quieran controlar o influenciar la relación.

Proceso del perdón

El perdón es un proceso integral evaluado en seis pasos fundamentales, los cuales requieren ser trabajados con total honestidad y disciplina. Estos son:

1- Reflexión (análisis).

2- Entendimiento (la búsqueda del por qué).

3- Arrepentimiento (cambios).

4-   Humillación y restitución (pedir perdón).

5-   Compasión y misericordia (perdonar).

6-   Liberación y sanación.

A continuación, una explicación clara de estos pasos:

1- Reflexión (análisis).

Antes de pedir perdón, yo tengo que reflexionar sobre lo que hice mal en contra de mi pareja, en contra de mí mismo y en contra de la relación. Yo tengo que analizar la magnitud del daño que he causado, incluyendo todas las personas involucradas que afecté. Tengo que pensar en todas las consecuencias y los hechos asociados.

-   ¿Qué hice mal?

-   ¿Cómo fue mi infidelidad emocional?

-   ¿Cuánto tiempo duró?

-   ¿A cuántas personas involucré?

-   ¿Cómo defraude a mi pareja?

-   ¿Mentí? ¿Me burlé del otro?

-   ¿Qué tanto dolor causé?

-   ¿Cómo se enteró mi cónyuge de mi infidelidad?

-   ¿Cómo reaccionó ?

-   ¿Qué consecuencias trajo mi infidelidad a mi relación y familia?

2- Entendimiento (la búsqueda del por qué).

Yo tengo que tomar un tiempo para entender mi conducta, el por qué actué de esa manera, cuales fueron mis debilidades, cuáles fueron las necesidades que intente cubrir. Necesito entender mis vacíos, mi personalidad, como soy y por qué soy lo que soy. Si yo no entiendo el por qué de mi conducta, en su momento la repetiré . Y es que, la mejor manera de parar con el ciclo de infidelidad es comprender como soy y trabajar en ello, porque, de lo contrario, haré los cambios externos, pero no los internos.

- ¿Cuáles son mis debilidades?

- ¿Cuáles son mis carencias?

- ¿Cuáles es mi vacío emocional?

- ¿Cuáles son mis necesidades afectivas?

- ¿Cómo soy yo?

- ¿Por qué soy como soy?

- ¿Qué me sedujo a involucrarme en una infidelidad emocional?

- ¿Qué me atrajo de esa persona?

3- Arrepentimiento (cambios).

Después de reflexionar sobre la infidelidad emocional, y de analizar mi conducta, es necesario que, empiece a realizar los cambios (los cuales son los elementos del arrepentimiento), sobre la cual puedo pedir perdón.

- ¿Qué voy a hacer a partir de ahora para modificar mi conducta y ser más infiel?

- ¿Qué puertas necesito cerrar?

- ¿Cómo voy a solucionar mi problema de infidelidad?

- ¿Cómo voy a hablar con mi pareja sobre mi infidelidad?

- ¿Cómo voy a arreglar mi relación?

4- Humillación y restitución (pedir perdón).

Pedir perdón no es justificarse, defenderse, hacerse la víctima, culpabilizar o evadir responsabilidades en cuanto a la infidelidad emocional. Para pedir perdón es necesario que haya un profundo arrepentimiento, y es importante ser preciso y directo cuando se solicita el perdón.

- ¿Le estoy hablando de frente a mi cónyuge? O estoy evitando verla usando el teléfono, o el correo, o el mensaje texto o notas en su armario.

- ¿Le estoy pidiendo perdón de forma directa? O estoy intentando darle vueltas al asunto para justificar mis acciones.

- ¿Estoy justificando mi infidelidad emocional? O estoy asumiendo la responsabilidad de mis acciones.

- ¿Estoy intentando manipular la conversación mediante gestos, gritos, dramatización y llanto?

- ¿Estoy intentando jugar el papel de víctima?

- ¿Estoy intentando seducir o adular a mi pareja para que me perdone?

5- Compasión y misericordia (perdonar).

Perdonar es liberarse del deseo de venganza, y surge desde la paz interior. Por eso, aunque no se ignora, ni se omite, ni se justifica la falta del otro, ni se le aplica castigo, sino que se le deja ser responsable por su infidelidad, al menos no se le lleva registro de los errores.

- ¿Estoy dispuesto a escuchar a mi cónyuge hablar sobre su infidelidad sin que yo me altere, grite, o lo agreda físicamente?

- ¿Estoy en un estado de paz y autocontrol para tratar el asunto?

- ¿Entiendo las razones por las que mi pareja me fue infiel, y aunque no lo justifico, estoy dispuesta a perdonarlo?

- ¿Todavía tengo registro de los errores pasados?

- ¿Todavía tengo deseos de venganza?

6- Liberación y sanación.

Cuando perdonamos nos liberamos a nosotros mismos del dolor y del odio. El perdón es un acto de liberación y de amor propio, ya que nos cuidamos y nos sanamos del daño recibido. Esta sanación nos conecta con nuestro ser en una armonía, evitando que nos enfermemos psicológicamente y físicamente.

- ¿Puedo hablar del daño recibido sin sentir odio, ni resentimiento?

- ¿Puedo hablar con la persona que mi pareja me fue infiel sin sentir deseos de venganza?

- ¿Puedo hablar sobre la infidelidad emocional con otros sin enojarme?

-   ¿Puedo hablar sobre mi dolor sin sentir vergüenza o malestar interno?

-   ¿Puedo aceptarme a mí mismo sin sentirme inferir por lo que paso?

"Porque juicio sin misericordia se hará con aquel que no hiciere misericordia; y la misericordia triunfa sobre el juicio". (Santiago 2:13) Reina – Valera (RVR 1960)

¿Puedo arrepentirme de una infidelidad emocional que cometí, sin la necesidad de pedirle perdón a mi pareja?

¡Si! Existen algunos casos en los que te puedes arrepentir de haber sido infiel emocionalmente, sin la necesidad de que tu pareja lo sepa, y sin tener que pedirle perdón. Por ejemplo, si vas por la calle y vez una persona muy atractiva que te llama la atención, y luego sucede que, te pasas el día pensando en ella. Te la imaginaste contigo. Pero, no sabes quién es, no tienes contacto con esa persona. Y sigues tu vida normal. No vas a llegar a tu casa y decirle a tu esposa: mi amor, te pido perdón porque hoy estuve pensando en una mujer que vi en la calle. Por supuesto que no. Eso es algo que tú puedes solucionar solo, porque está en tu mente. Nadie necesita saberlo. Tu puedes arrepentirte por esos pensamientos y corregirlos solos. Pero, si, por el contrario, intercambias mensajes, y hay un coqueteo o romance con esa persona que conociste en la calle, entonces sí, necesitas comunicarlo, y si necesitas confesarte.

Capítulo 9
"Evaluando la Credibilidad para reconstruir la Confianza"

Pensamiento:
"El perdón es gratis. Pero reconstruir la confianza perdida es cara, y no todo el mundo está dispuesto a pagar el precio".

Recuperar la confianza en una relación después que ha habido una infidelidad no es fácil, pero tampoco es imposible. Requiere de esfuerzo, disciplina, integridad y transparencia para evaluar la credibilidad y reestablecer la confianza. Este es un proceso que puede demorar entre seis meses y dos años. Es erróneo pensar que, por el simple hecho de arrepentirme, pedir perdón, prometer que no volverá a suceder, y ver que mi pareja me perdona, ya todo está solucionado. La confianza es como un jarrón, que cuando se rompe, se necesita tiempo, dinero, esfuerzo y paciencia para poder reconstruirlo pegando las piezas una por una. Y aunque se reconstruya, nunca quedará igual, siempre tendrá las marcas, y se aprenderá a vivir con ello..

Existen parejas que después de reconstruida la confianza, han logrado no sólo mejorar su relación, sino que, la han fortalecido y nutrido, llenándola con lo que faltaba. Siempre se puede reconstruir la confianza cuando los dos ponen de su parte, y sobre todo cuando la parte que fue infiel hace el mayor esfuerzo para mostrar su integridad y probar la credibilidad de sus actos.

¿Qué es la credibilidad?

La credibilidad en la relación es la capacidad que tiene uno de ser creído por el otro, y tiene como base la honestidad. Esta se mide por la veracidad de las cosas y los hechos, mediante la comprobación de los mismos.

Una persona "creíble", es una persona que ha demostrado ser consistente entre lo que dice y hace de manera fiel en la relación, ganándose la confianza de su pareja; y, esta veracidad de amor, palabras y acciones lo ha demostrado con la frecuencia. La credibilidad posee dos elementos importantes: Experiencia y Conocimiento.

Ejemplo de Credibilidad.

Supongamos que, después del trabajo, uno de los cónyuges decide ir a visitar a su mamá y cenar con ella. Para mantener la confianza de su pareja y aumentar su credibilidad, esta persona decide:

- Llamar a su pareja para informarle que va a ir a visitar a su mamá .

- Hacer fotos con su madre durante la cena y enviarle esas fotos a su pareja para que compruebe que de verdad está con su mamá .

- Llamar a su pareja estando con su madre, para que su madre hable con ella.

En esta experiencia de visitar a su madre, el cónyuge le está dando a conocer a su pareja sobre lo que hace, mostrándole pruebas. Este simple hecho, de hacer todo eso, hace que aumente su credibilidad. Sobre soto si ya ha habido una infidelidad y la confianza está débil. En este ejemplo se ven los dos elementos: la experiencia (la visita a la madre) y el conocimiento (que tiene la pareja sobre esta visita). La frecuencia de estos ejemplos de credibilidad, hace que aumente la confianza, y cuando se gana la confianza, no va haber necesidad de demostrar con pruebas lo que se hace, ni a donde se va. .

¿Qué pasa cuando pierdo mi credibilidad?

Perdemos nuestra credibilidad cuando le mentimos a nuestra pareja, después que esta ha confiado plenamente en nosotros. Y entonces sucede que, por más que le digamos la verdad y nos esforcemos por parecer confiables, esta no nos cree. Cuando perdemos la credibilidad lo perdemos casi todo, todo lo que necesitamos para sustentar una relación. Y entonces, debemos trabajar mucho para reconstruir nuestra integridad moral.

Recuerda que, mientras yo le decía mentiras para tapar mi infidelidad emocional, mi pareja confiaba plenamente en mí. Y ahora que sabe toda la verdad, que lo que le decía no era cierto, ¿Cómo va a volver a confiar? ¿Cómo sabrá si lo que le digo es cierto o no? La única manera de saber la verdad es comprobando con hechos lo que le estoy diciendo. Es demostrando con pruebas, no con palabras. Y para ello, mi credibilidad necesita ser evaluada.

¿Cómo evaluar mi credibilidad?

Al mentir, tu palabra deja de ser válida. Así que, si quieres que tu cónyuge vuelva a confiar en ti, deberás mostrar tu integridad con hechos. Eso incluye: enviar fotos, hacer llamadas, usar testigos, para probar a dónde vas y lo que haces. El proceso de evaluar la credibilidad puede demorar entre tres meses y un año y medio. Lo que significa que, hacer esto una o dos veces durante la primera semana no significa que todo estará bien, y que ella volverá a confiar en ti. Debes tener paciencia, y ser consistente en tus acciones para avanzar en este proceso de reconstruir la confianza que podría demorar.

Evaluar la credibilidad puede incluir:

- Decirle a tu pareja para dónde vas, para que y con quién vas.

- Decirle cuánto tiempo te vas a demorar.

- Enviarle fotos del lugar donde estás y fotos de la gente que te acompaña.

- Enviarle videos de lo que estás haciendo.

- Darles acceso a tus redes sociales (dejarla revisar tus mensajes y galería de fotos).

- Desbloquear tu celular o darle el código de seguridad a tu pareja para que tenga acceso a tus correos y llamadas.

- Poner el altavoz del teléfono mientras hablas con tus amigos para que tu pareja escuche.

- Darle acceso a tu pareja de tus cuentas bancarias.

Básicamente, reconstruir la credibilidad requiere denudarse ante la pareja en todo cuanto uno hace sin esconder nada. Ya que, como no hay confianza, producto de las mentiras, ella necesita comprobar con hechos cada palabra, viendo si eres coherente con tus acciones. Esto no es fácil, es un camino difícil, pero muy necesario.

¿Qué es la integridad?

La integridad en las relaciones es, cuando lo que yo pienso, digo y hago, están en armonía, produciendo rectitud y honradez en el comportamiento. Por ejemplo: si una persona piensa y dice: "Yo amo a mi esposa", y además lo muestra con hechos de manera limpia, esta persona es Integra. Sin embargo, si una persona dice: "Yo amo a mi esposa", pero coquetea con otra y no la respeta, no está siendo íntegra.

¿Qué es la confianza?

La confianza es una decisión. Es la decisión de apostar sobre la conducta futura de una persona, de que, actuará de una manera determinada ante una situación donde yo no tengo control absoluto ni control sobre su voluntad. Es la decisión de depositar expectativas y esperar seguros que, esa persona no nos va a defraudar.

La confianza se construye con la frecuencia de la conducta estable. Después de un periodo evaluando la credibilidad del individuo y comprobando su integridad, entonces se establece la confianza. Ya que, para apostar sobre el buen comportamiento de una persona en la cual no tenemos control, se requiere haber establecido un patrón de reacciones previas coherentes a la respuesta que yo deseo obtener.

Por ejemplo: Una amiga me dice: "Le voy a enviar un mensaje a tu esposo, sin que sepa que soy yo, para provocarlo y ver si él es un hombre fiel". Yo le digo: "¡Claro que sí! Yo estoy segura que te va a rechazar porque en otras ocasiones ha sucedido y él ha rechazado a las mujeres, y ha venido a mí para dejármelo saber. Mi amiga lo hace y luego mi esposo viene y me dice lo que le ha pasado y como él ha respondido.

Esto es un ejemplo claro de confianza, pero, para que exista la confianza, se requiere un ejercicio previo de fidelidad e integridad. Por eso, después de una infidelidad, es imposible recuperar la confianza automáticamente, sino que se necesitan de experiencias de integridad de manera periódica.

Recuperando la confianza.

1- Credibilidad

Primero tienes que probar la veracidad de tus palabras y acciones con la evidencia.

2- Integridad:

El otro tiene que ver que lo que dices, piensas y haces son ciertas y coherentes.

3- Confianza:

El otro decide apostar de que tu conducta futura será la correcta ante las mismas situaciones que ha comprobado.

La confianza se reconstruye bajo un patrón estable de integridad, donde el individuo va creando una respuesta automática coherente a lo que el otro espera que es lo correcto en la relación, y bajo esa frecuencia, la pareja establece futuras predicciones sobre el curso de la relación. Y puede apostar sobre las futuras acciones de su cónyuge sin que este le proporciones pruebas.

La confianza se construye y cuando cae se reconstruye. Es como el ejemplo de un edificio. La confianza necesita tiempo para analizar los cimientos y luego reconstruir el resto de la edificación. Con la intención de hacerla tan fuerte que pueda aguantar los efectos de las tormentas sin que la relación se destruya.

Consecuencias de no evaluar la credibilidad y de no reconstruir la confianza en la relación, y aun así seguir juntos.

Relación sin Confianza → Maltrato Psicológico

La confianza se reconstruye entre los dos miembros de la pareja. Porque suele suceder que, el individuo que fue infiel, y se arrepintió, está haciendo todo lo posible por construir su credibilidad, y cultivar su integridad; pero, el otro miembro, a pesar de ver todo el esfuerzo, decide no confiar. Entonces, el problema ya no radica en el que falló, sino en el otro que se quedó atorado en el trauma psicológico del dolor que le causó la infidelidad, y no quiere avanzar. La reconstrucción es de ambos, el esfuerzo es de ambos, porque, cuando es uno solo quien intenta avanzar, pero el otro no lo sigue, la relación cae en un hoyo, y la desconfianza se manifestará a través del maltrato psicológico.

El maltrato psicológico no siempre tiene que ver con ofender, gritar y humillar al cónyuge . El maltrato psicológico a veces suele ser tan sutil que no nos damos cuenta, pero que está allí, y puede manifestarse de las siguientes maneras:

1- Cuando tu pareja comienza a controlar tu celular, tu correo electrónico y redes sociales:

El control constante y absoluto sobre tu celular es invasión a tu espacio personal. También la privación de la libertad es maltrato. Es cierto que, después de una infidelidad emocional, debes desnudarte en lo que haces con tu móvil y probarle a tu pareja todo cuanto haces, pero, eso es algo voluntario que parte de ti, desde tu propia libertad. Al otro no le corresponde controlar tu vida, ni someterte ni castigarte por lo que hiciste. Tu fallo no le da derecho a usurpar tu identidad y convertir la relación en una esclavitud. El control constante es inseguridad y falta de confianza, y es un intento de poseer egoístamente al otro pasando por encima de su voluntad.

2- Cuando tu pareja te hace sentir culpable por su mala actitud, por todos los problemas de la relación, e incluso por los problemas fuera de la relación:

Tu pareja te dice: "Yo no fuera así, sino me hubieses sido infiel", "¿Cómo quieres que sea diferente si tú me has convertido en lo que soy?", "tú eres la responsable de que todo esto esté pasando entre nosotros", "esto fue lo que nos tocó vivir, ahora, asume las consecuencias", "por tu culpa somos la burla de la familia (y la familia se enteró porque él llamó a todos para comentarle)". Todo esto son expresiones de maltrato psicológico, porque tú no eres responsable por la actitud errática del otro. Cada uno de los dos es responsable de su propia conducta. Y si tu pareja no puede superar el daño y superar su inseguridad, no tiene ningún derecho a maltratarte. Tú estás haciendo todos los esfuerzos por reconstruir la relación y no eres culpable de que tu pareja tenga su propia discapacidad de auto control y auto regulación emocional.

3- Cuando tu pareja controla tu manera de vestir porque se enoja grandemente cuando alguien del sexo opuesto te mira:

Tu pareja no te deja salir a solas, y cuando lo hace, te exige que uses ropa muy conservadora para que no llames la atención. Ropa que no sea ajustada ni provocativa. No quiere que te arregles mucho, ni que uses maquillaje, ni perfume, que lo uses solo cuando estas con él. Te arma un escándalo si ve que tienes un botón del pecho desajustado, o si estas enseñando los hombros, o si tu forma de caminar le parece muy sensual. Se enoja si alguien del sexo opuesto te mira. Te dice que es una falta de respeto si estás hablando con alguien del sexo opuesto cuando él no está presente.

4- Cuando tu pareja controla tu dinero. Cuando no puedes mover un centavo sin su consentimiento, o constantemente te pide explicaciones por el estado de tus cuentas bancarias:

Sientes que, aunque trabajas y ganas dinero, no puedes mover un centavo de tu sueldo sin pedirle permiso y explicarle para que vas a usar ese dinero. Y aunque no trabajes, sientes que no puedes salir de casa o visitar a tu familia, porque tu pareja no te da dinero ni para la gasolina del carro o tomas el autobús. Le has dicho que te gustaría comprar un vestido nuevo para la boda de tu amiga, y él te dice que no lo necesitas y que puedes usar los que tienes. Sin embargo, él siempre se compra ropa nueva con regularidad porque según él tiene que estar presentable en su trabajo. El control absoluto de la economía por parte de uno de los cónyuges es maltrato psicológico. Incluso, algunas religiones hacen creer que el hombre debe administrar el dinero, aunque los dos trabajen, lo cual es falso. El matrimonio es de dos, y la economía se administra entre dos. La relación matrimonial debe funcionar como un equipo no como una dictadura.

5- Cuando tu pareja controla todo tu tiempo, el tiempo que pasas con tu familia y amigos, e incluso tu tiempo libre. Él te dice con tu tiempo lo que debes hacer:

Sientes que no tienes tiempo libre porque constantemente él te dice que hacer. Te llena una agenda de actividades para que no tengas tiempo sola para pensar en nada más. Se enoja contigo cuando pasas más tiempo con tu familia del que él había previsto. Sin embargo, no le importa excederse cuando están compartiendo con su familia. Te deja mucho trabajo en la casa y no te ayuda, para que te mantengas ocupada y no tengas tiempo para hablar con tus amigos o pensar en otra cosa que no sea en tus deberes domésticos. El control absoluto del tiempo del cónyuge es maltrato psicológico porque usurpa el derecho que tiene cada quien de administrar como quiere distribuir su tiempo de vida.

6- Cuando tu pareja te hace sentir que no vales nada, que si no fuera por el tú no tendrías nada:

El hace todo por ti. Si van al doctor, el llena los papeles por ti, él le dice al doctor lo que tienes, no te deja hablar, sino que el habla por ti. El, paga las facturas y maneja la contabilidad de la casa, y no te hace partícipe de ello ni te ensena como hacerlo. Su objetivo es hacerte dependiente de él, y para que sientas que, sola no puedes salir adelante, y que sola tu mundo está perdido porque él se ha encargado de inutilizarte. Tus logros no los toma en cuenta. Tus esfuerzos para ser mejor persona, según él no son la gran cosa, porque lo que estás haciendo es simplemente tu obligación. Te sientes atrapada en un hoyo, con deseos de salir, pero sin saber cómo hacerlo. Sientes que con él estas mal, pero sin el estarás peor. Todo esto no es más que una cárcel psicológica creada por tu pareja para que te sientas como nada y no lo abandones nunca.

7- Cuando tu pareja usa el chantaje emocional para controlar tu conducta.

No tienes deseo de tener relaciones sexuales, pero tu pareja se molesta, y te chantajea a tal punto que cedes en contra de tu voluntad con tal de complacerlo. El maltrato psicológico tiene que ver con el control y la manipulación hacia el otro, así que, en el caso del sexo, puede que hasta use los términos religiosos como: "la mujer debe complacer al marido porque es mandato de Dios", para obligarla a tener sexo con él, aunque ella no quiera. El chantaje emocional incluye también generar culpa recordándole constantemente al otro lo que hizo mal. Sientes que has dejado de ser tú, que has cambiado tu personalidad para evitar confrontaciones.

Las consecuencias de no volver a confiar en la pareja se traducen en maltrato psicológico. ¿Por qué permanecer juntos si no confían? Es importante que si deciden permanecer en la relación trabajen juntos, sin usurpar la libertad del otro, ni limitar sus capacidades, para que puedan caminar hacia el amor maduro.

¿Cuánto cuesta tu integridad?

La falta de integridad nos puede costar la caída, la mala reputación, la ruptura de las relaciones y el fracaso de ciertos negocios, también la pérdida de recursos y el abandono de amistades. La falta de integridad nos puede costar la pérdida de poder, la falta de confianza de los demás y la falta de confianza propia. La integridad es fundamental para la vida y para las relaciones de pareja. La integridad no es solo un problema de moralidad, sino que es una cuestión de solidez personal, autonomía y fuerza, ya que nos brindará la posibilidad de ser más responsables, más productivos, más exitosos, y más confiables. La integridad matrimonial tiene un valor incalculable.

Creando una estructura de Integridad

Sistema matrimonial de Integridad → Aplicación del sistema como un estilo de vida.

Para que haya integridad en una relación, debe haber un sistema de creencias y valores éticos aplicables como base principal de la conducta. Se debe establecer una organización de ideas sobre lo que es importante o no en la relación, sobre lo que es valioso o no según las partes involucradas, y sobre los límites que no se deben cruzar. Cuando la pareja se pone de acuerdo en adoptar su sistema de integridad sin afectar ninguna de sus creencias individuales, entonces se establecen las normas matrimoniales.

Cada pareja tiene sus propias reglas. Y cada pareja sabe lo mejor que es más conveniente, y eso debe ser respetable. Mientras que para algunas parejas no es bueno dejar entrar al automóvil a alguien del sexo opuesto cuando se está solo manejando, para otras lo que no es bueno es dejarse abrazar o ir a cenar con alguien del sexo opuesto cuando el otro miembro está ausente. Cada pareja es diferente y cada una establece su propia norma. Cuando creamos una estructura, estamos estableciendo un sistema de comportamiento en los cuales ambos estamos de acuerdo en cumplir de manera responsable y disciplinada. Sin pasar por encima del otro, sin violar sus derechos ni principios, y sin cruzar los limites.

Aunque todas las reglas tienen sus excepciones, las excepciones son solo eso, excepciones, pero no son la regla general. Por lo que, aprendemos que, es importante establecer patrones de comportamiento aceptables en el matrimonio para la integridad, pero a la vez, aprendemos a ser flexibles para los cambios de emergencias e imprevistos que puedan aparecer. Tampoco se puede ser demasiado estricto, porque ser muy estricto nos puede enfermar, pero la flexibilidad nos puede ayudar a balancearnos en los momentos de cambio, tensión y necesidad.

Aunque la sujeción de la mujer hacia el marido es un principio bíblico, esta no puede ir por encima de la integridad personal. Porque, por ejemplo, si el marido le dice "vamos a robar un banco" a su mujer, o le dice "necesito que le mientas a mi jefe por teléfono diciéndole que estoy enfermo porque no quiero ir a trabajar", ella no está obligada a obedecer, y no por eso está fuera de la voluntad de Dios. Toda autoridad tiene un límite, y toda sujeción tiene un límite, y no puede violar los principios ni derechos del otro. Por eso la integridad matrimonial debe tener los valores compatibles que favorezcan la confianza.

La integridad es un estilo de vida. No es que un día voy a ser integro, y otro día no. Porque entonces, producto de nuestra incompatibilidad entraremos en un conflicto. Y la integridad está basada en un sistema de creencias que nos hacen actuar de manera estable, y no son decisiones aisladas. La integridad viene de adentro hacia afuera, y tiene que ver más con lo racional, que con lo emocional. tiene que ver más con principios y valores, que con sentimientos. El estilo de vida íntegro debe ser de ambos cónyuges . No solo del que fue infiel y está luchando por recuperar la confianza de su pareja, sino del otro también. Esto evita que ambos caigan en el maltrato psicológico dañando y obstruyendo el crecimiento personal.

La exposición de valores no es más que, el testimonio público predicado con el ejemplo más que con nuestras palabras de que estamos viviendo en integridad. Es la integración social de mi estilo de vida coherente, de mis principios que, viene siendo como el aporte moral a esta sociedad corrupta, donde predicar con el ejemplo es enseñar a las futuras generaciones. Es donde la gente puede ver en mi los valores y decir: "Él/ella de verdad que es una persona íntegra", "si puedes confiar en ella".

Un ejemplo de integridad.

Yo tengo un amigo de 50 años, nacido en las Islas Filipinas, pero que ha vivido casi toda su vida en Estados Unidos. Él trabaja de chofer y arreglando trajes para una de las compañías de Showgirls en Las Vegas, Nevada. Es un hombre que trabaja en un lugar con más de 80 mujeres hermosas, que andan usualmente en ropa interior, puesto que es la típica vestimenta de una Showgirl incluyendo las plumas y los tacones. Él es un hombre cristiano, casado por muchos años, con hijos ya mayores, y con un testimonio intachable. Su esposa confía plenamente en él. Ella sabe el lugar donde trabaja su marido y no se preocupa por ello. Cuando recién empezaron la relación, ella lo probó y lo tentó en múltiples ocasiones, y él siempre le respondió de manera leal. Por lo que él se ha ganado el respeto y la confianza de ella y de todos. Es impresionante como las muchachas dicen que el chofer es un hombre íntegro, que él es un hombre muy respetuoso, y que es un hombre en el que realmente puedes confiar.

Por su buena conducta y disciplina, él se ha ganado el respeto y la admiración de todo el personal de la compañía. Se ha ganado ciertos privilegios con los jefes, puestos más elevados, aumento de sueldo, regalos y homenajes. Todo el personal lo quiere como si fuera una familia. Y es que, vivir en integridad te abre muchas puertas, te posiciona en lugares que nunca pensaste alcanzar, te hace ganar la admiración de los que te rodean, y te da poder y fuerza para brillar como una estrella, y te da la confianza de tu pareja. La integridad como un estilo de vida, hace que, de manera natural tu expongas esos valores al mundo, y que el mundo vea que eres diferente, autentico, especial y único, y te admire por ello ganándote su respeto.

¿Cuándo yo sé que superado mi problema de infidelidad emocional?

Cuando yo veo personas atractivas, o estoy en lugares exóticos, y eso no me atrae. Cuando yo puedo estar en mis redes sociales, conversar con mi ex, o tener muchas amistades y no me conecto emocionalmente con ellas. Simplemente no me llama la atención.

Que bello saber que, puedo andar en cualquier lugar, puedo hablar con todo tipo de gente, puedo encontrarme en cualquier circunstancia, y aun así mantener mi integridad. Que en medio de este mundo donde los valores morales son cada vez menos, yo puedo mantenerme firme, y ser ese rayito de luz que marque la diferencia. Que, en medio de la promiscuidad y depravación moral, yo puedo mantener mi santidad y fidelidad matrimonial. Y demostrar que todavía existen personas integras como yo, dispuestas a levantar esta sociedad y ser ejemplo. Qué bello es vivir confiado y tranquilo, sabiendo que estoy haciendo lo correcto. Eso produce mucho poder interno.

Vivir en integridad es vivir en la libertad de conciencia de que estoy limpio, haciendo lo correcto, sin dañar a nadie. Lo más lindo de trabajar en nuestro interior, y de solucionar nuestros problemas emocionales es que, podemos estar en medio de la oscuridad y ser luz, podemos estar en la tormenta y tener paz, podemos estar en medio de serpientes y salir ilesos, estar lleno de personas y en especial de mujeres hermosas y mantenerse fiel a la relación. Podemos apreciar la belleza sin la necesidad de poseerla ni tocarla. Ahí es cuando nos damos cuenta que, hemos crecido y adquirido auto control, lo cual nos ha traído firmeza y estabilidad, sin la necesidad de hacer tantos cambios externos, porque los verdaderos cambios, "los internos" ya están resueltos.

Capítulo 10
"El Amor Maduro"

Pensamiento:
"En el amor no hay temor, sino que, el perfecto amor hecha fuera el temor; porque el temor lleva en si castigo. De donde el que teme, no ha sido perfeccionado en el amor". (1 Juan 4:18) Reina – Valera (RVR 1960)

El amor es una "decisión", no un sentimiento. Tú decides amar y tú decides no amar. Tú decides enamorarte y tú decides des-ena-morarte de alguien, porque el control está en tu propia decisión. El amor no es una fuerza misteriosa que nos atrapa de la cual no podemos escapar. Esa es una idea que nos vendieron personas que no estaban dispuestas a asumir su responsabilidad por su falta de control personal, las cuales culparon al amor, dejándose arrastrar por el impulso, el apego y la necesidad de afecto. Pero el amor, así como la fidelidad son decisiones.

Cuando Jesús dijo: "Amad a vuestros enemigos" (Mateo 5:44a) Reina – Valera (RVR 1960), no se refirió a que debemos esperar sentir afecto o sentimientos positivos por nuestros enemigos, para luego amarlos. Sino que, "amad" implica tomar la decisión de amar sin importar el sentimiento. Aunque la diferencia entre amor de pareja (amor Eros), con el amor al prójimo (amor Ágape), y el amor de familia (amor Filio) está en la atracción y deseo sexual que produce estar cerca de la persona amada, los tres amores siguen siendo una decisión. Por supuesto que, no es lo mismo amar a los enfermos de un hospital mental que casarse y convivir con ellos. Porque en el amor de pareja ya hay ciertas responsabilidades mayores.

El amor maduro proviene de una personalidad madura; así como, de una persona insegura proviene un amor inseguro, y de una persona violenta y agresiva proviene un amor violento y agresivo, y de una persona arrogante y falsa proviene un amor arrogante y falso, y de una persona controladora proviene un amor controlador. Porque todo parte de una misma estructura mental. Exactamente como es una persona internamente, lo será externamente, incluyendo su forma de amar.

¿Qué es el amor maduro?

Si hay temor → Entonces no hay Amor

El amor maduro no tiene miedo a perder al otro. No tiene miedo a dejar ir, si el otro quiere alejarse. No tiene miedo a estar solo, no tiene miedo a decir la verdad, aunque la verdad duela. El amor maduro no posee, no atrapa, no depende del otro para ser feliz, porque es feliz solo y simplemente comparte esa felicidad con el ser amado. El amor maduro no oprime, no controla, no subyuga. El amor maduro vive en libertad y respeta la libertad del otro. El amor maduro nace de un corazón maduro, de una conciencia limpia, y de una integridad personal sin fingimiento ni apariencias. El amor maduro es un amor leal y fiel, libre de traiciones, y aunque esté comprometido 100% con la persona y la relación, vive libre de apegos.

El amor maduro en la relación es la decisión de amar al otro tal y como es, sin la necesidad de cambiarlo, respetando su libertad y sus intereses personales, sin la intención de controlarlo o poseerlo como si fuera un objeto de propiedad, reconociendo que, el otro estará conmigo porque quiere y no porque tiene. Y bajo esa libertad decido relacionarme y construir un futuro, sabiendo que el otro puede irse en cualquier momento. El amor maduro dice: "Te amo, pero no te necesito para vivir. Puedo vivir sin ti y ser feliz, pero decido compartir mi felicidad contigo el tiempo que tú quieras".

Relación Madura

Las personas maduras producen relaciones maduras. Y el amor maduro tiene como base la confianza en la pareja, lo cual genera matrimonios funcionales, no necesariamente perfectos. Esto parte de un profundo autoconocimiento, donde, cada uno tiene su propia identidad. Cada uno sabe quién es, de donde viene y hacia donde va. Esto les permite conectarse consigo mismo desde una conciencia limpia, y desde su propia libertad, entrega, comparte y da a su pareja sin perder su autenticidad. Los matrimonios maduros funcionales tienen seis elementos fundamentales que ayudan a sostener y balancear la relación. Estos elementos son:

1- Tolerancia al estrés y a la frustración.

En ocasiones se presentan situaciones donde se acumulan las tareas del hogar, donde ambos cónyuges posponen sus trabajos, o tienen demasiado trabajo, y luego necesitan establecer orden de prioridades para llevar a cabo todas las responsabilidades pendientes. Cuando hay amor maduro en la relación la pareja puede funcionar adecuadamente manteniendo una actitud positiva ante la presión. La pareja puede desempeñar todas sus tareas y exigencias sin perder el control ante el estrés. También puede mantener una buena conducta cuando las cosas no salen como esperaban, cuando no obtienen los resultados adecuados después de haber trabajado duro por ello, o cuando las circunstancias toman un giro inesperado. Porque la tolerancia a la frustración les permite permanecer juntos ante la adversidad sin que el matrimonio se disuelva.

2- Flexibilidad.

La flexibilidad es un elemento fundamental del amor maduro, porque nos permite adaptarnos a los cambios de la pareja, o de las circunstancias, sin sufrir daños psicológicos. A veces la muerte de un hijo, un embazado de alto riesgo, una enfermedad terminal, la perdida de una casa, el traslado de una ciudad a otra, puede alterarnos en cierta medida nuestro sistema porque se sale de la rutina y la estabilidad a la que estábamos acostumbrados. Pero cuando tenemos flexibilidad, no dejamos que esos cambios nos enfermen psicológicamente ni nos desestabilicen relacionalmente, por lo que, un matrimonio maduro enfrentará cualquier circunstancia adversa sin destruir la relación.

3- Comunicación efectiva.

El matrimonio es un trabajo de dos, por lo que, esos dos necesitan ponerse de acuerdo para andar juntos. La comunicación efectiva es la capacidad de escuchar y transmitir con claridad las ideas sin juzgar, ni criticar, ni ofender al cónyuge . Es la capacidad de entender todos los puntos de vista de la pareja, y llegar a un consenso donde, ambos quedan satisfechos con la toma de decisiones. La comunicación efectiva hace que haya fluidez y comprensión en la pareja, anulando el sistema dictatorial o esclavista, en el cual uno toma las decisiones y el otro simplemente obedece, lo cual crea resentimiento y destruye la relación.

4- Trabajo en equipo.

El amor maduro en la pareja hace que el matrimonio sea un trabajo en equipo donde las responsabilidades son compartidas. No existe el que uno dependa del otro, ni el que uno cuide al otro, ni el que uno le diga lo que tiene que hacer al otro. Porque esto crea tensión y carga al que tiene el mayor peso. Tampoco existe el que uno se hace responsable de la casa y el otro de hace responsable del trabajo y pago de facturas. El amor maduro es un trabajo en equipo, significa que, si los dos tienen una casa, los dos se hacen responsable de la casa, incluyendo el cuidado, la limpieza y el pago de los gastos de la casa. Si los dos tienen hijos, los dos se hacen responsables por la educación y el cuidado de los hijos. Cuando la carga cae en uno de los miembros, al principio suele parecer bien, pero después con el tiempo suele agotar, hasta que, la persona explota.

5- Control de impulsos.

En el matrimonio suelen surgir problemas por múltiples factores, pero, cuando hay amor maduro se mantiene la calma ante dichos problemas sin dañar la relación. Se mantiene la estabilidad ante situaciones inesperadas o de riesgos, controlando la personalidad de manera racional, pensando siempre en las consecuencias antes de tomar cualquier decisión. En el matrimonio funcional existe la madurez y la confianza de que la pareja hará las cosas sin perjudicar al otro, de que enfrentará cualquier adversidad sin romper la relación, y que asumirá toda responsabilidad sin culpar al cónyuge.

6- Resiliencia.

La resiliencia en el matrimonio maduro es la capacidad de pasar por la adversidad sin quedarse atrapado emocionalmente en ella, recuperando la estabilidad inicial. La resiliencia tiene que ver mucho con la flexibilidad. Nos permite atravesar lo que sea, sin afectar nuestra personalidad, sin arrestarnos emocionalmente y sin enfermarnos psicológicamente. Cuando ha habido infidelidad en el matrimonio, después de un verdadero arrepentimiento y perdón, solo las personas con resiliencia logran superarlo, recuperando su estabilidad y gozo inicial. El resto de las parejas sin resiliencia, quedan atrapadas en el trauma produciendo una guerra de resentimiento, castigo y venganzas, porque no sueltan al fantasma de la infidelidad, el cual no lo deja ser felices. Sin embargo, las parejas funcionales con resiliencia, tienen la confianza de que, el compromiso futuro no se verá afectado por la crisis o el problema presente, porque sabrán sobreponerse a ello, recuperando su felicidad inicial.

Relación "No" Madura

"El amor maduro no te enferma… las personas tóxicas Si".

Es imposible tener un amor maduro con gente tóxica . Es imposible tener un matrimonio sano con enfermos mentales. El matrimonio es una construcción de dos, y si uno de los dos no está sano mentalmente, ni emocionalmente, será imposible construir una relación sana. El matrimonio es principalmente para las personas sanas y maduras.

Para saber si estoy en una relación no sana, debo contestar dos preguntas: ¿Por qué estoy en la relación? Y ¿Con quién estoy en la relación? Es importante saber que me impulso a estar en una relación matrimonial (mis intenciones), y con quien estoy comprometido (el tipo de persona a la que decidí unirme). Porque de ahí saldrá la respuesta para saber si mi relación es sana o tóxica , madura o inmadura.

1- ¿Por qué estoy en la relación?

¿Tengo miedo a la soledad? ¿Acaso me casé para no estar solo, porque no puedo ser feliz sino tengo a alguien a mi lado? ¿Necesito que alguien le dé sentido a mi vida? ¿Necesito tener a alguien a quien controlar porque así me siento con fuerza y poder? La sociedad dicta que una persona debe casarse y tener hijos, porque es la cultura, y necesito hacer lo que todo el mundo hace, aunque no sienta el deseo de hacerlo. Siento que no soy nada, que no tengo talento, así que me casé porque mi cónyuge es alguien importante y le puede dar algo de valor a mi vida. A través de mi pareja puedo tener admiración y reconocimiento social. ¿Acaso mi relación es más importante que mis sueños y metas?

Si no nos casamos porque somos felices con nosotros mismos, porque estamos en paz con nosotros mismos y tenemos nuestro propio valor como personas, con talentos, conocimientos y capacidades para triunfar por nosotros mismos sin la ayuda del otro; sino que, nos casamos por necesidad, contienda o rebeldía, o por impulsos, no tendremos una relación sana ni madura. Porque estará basada en demandas y exigencias para satisfacer las carencias personales y no estará basado en lo que tengo para dar que me sobra y deseo compartir con el otro. La persona madura comparte su felicidad y su éxito con su cónyuge , mientras que, la persona inmadura demanda que el cónyuge la haga feliz. El amor maduro es un amor recíproco , donde los dos dan y reciben equitativamente, y no un amor para satisfacer carencias afectivas, o egoístas del otro.

Las relaciones sanas no tienen lugar a la "Idolatría Matrimonial". Donde uno de los dos hace del otro un dios. "Ella lo es todo para mí". "Sin él no soy nada". "Sin él yo me muero". "Ella es el aire que respiro, el aliento que me da vida". Cuando en el matrimonio se hace del cónyuge lo único y lo supremo, lo más importante; y del resto de las cosas y la gente como si no existieran, caemos en la idolatría matrimonial, lo cual nos lleva a una relación tóxica . Porque uno de los dos pierde su propia identidad para adquirir la identidad del otro, mirando el mundo a través de los ojos del otro, y orientando su vida a través de la vida del otro. En las relaciones sanas existe: lo mío, lo tuyo, y lo nuestro. Nadie pierde su propia individualidad, y bajo su propia autenticidad deciden construir el "Nosotros" sin perder la identidad propia.

2- ¿Con quién estoy en la relación?

¿Es mi pareja una persona tóxica ? ¿Manipuladora? ¿Controladora? ¿Se enoja con regularidad y no puede controlar su rabia? ¿Es chismosa a tal punto que le cuesta guardar un secreto? ¿Agresiva? ¿Negativa? ¿Vaga? ¿Habla mucho, pero en realidad no actúa? ¿No tiene educación, ni palabra, porque lo que dice que va a hacer nunca lo hace? ¿Vive solo de apariencias? ¿No tiene paz ni es una persona feliz? ¿No se cuida ni se valora? ¿Tiene algún trastorno de la personalidad? ¿Se la pasa hablando mal de los demás? ¿No se ama a sí misma? ¿Es enferma mental? ¿Testaruda? ¿Dramática? ¿Irracional? ¿Burladora? ¿Egoísta? ¿Tacaña? ¿Irresponsable? ¿Criticona? ¿Ofensiva? ¿Es adicta a sustancias nocivas? ¿Dependiente emocional? ¿Hipócrita y falsa? ¿Envidiosa? ¿Problemática e impaciente? ¿Oportunista? ¿Vengativa? ¿Desconsiderada? ¿Tiene carácter débil? ¿Inmadura?

Si la persona con la que estoy en la relación no es sana, mi relación no será sana. Es imposible tener un matrimonio maduro con gente inmadura, o un matrimonio estable con gente inestable, o un matrimonio responsable con gente irresponsable. El éxito del matrimonio depende de la calidad de persona que escogemos para unir nuestras vidas. Porque el hecho de que, una pareja lleve 30 o 50 años de casados, no significa eso que, sean un matrimonio exitoso. El éxito se mide por la salud y la prosperidad. El amor maduro no enferma, pero las personas toxicas sí. Y no ha de extrañarnos como personas casadas por años acarrean una serie de enfermedades psicológicas y físicas como consecuencias de las malas experiencias vividas durante la relación, aunque todavía sigan juntas. Es la salud mental de la convivencia de una persona con otra, lo que determina que tanto éxito ha tenido la relación; y la prosperidad económica que han tenido juntos. El saber administrar y hacer crecer la economía, multiplicando sus ganancias y desarrollando sus talentos al máximo. El amor maduro hace que cada uno de los miembros crezca en conocimiento, sabiduría y posición social; mientras que, en el amor tóxico , uno de los dos hará sus esfuerzos para opacar la luz del otro y brillar él. El amor maduro creará independencia y libertad individual, mientras que, en el amor tóxico creará dependencia y esclavitud. El amor maduro da libremente, mientras que, el amor tóxico te quita y te demanda. El amor maduro le aporta valor a tu vida, mientras que, el amor tóxico le resta valor a tu vida. El amor maduro te hace ser quien eres, mientras que, el amor tóxico te hace ser quien no eres. El amor maduro respeta tu criterio, mientras que, el amor tóxico impone su criterio. ¿Quieres una relación sana? Búscate una persona sana, y sé una persona sana.

Si violas mis derechos, ¿Cómo vas a exigir amor?

"Me conociste siendo una bailarina, ¿Cómo pretendes que te ame, si después de casarnos, no quieres que siga trabajando de bailarina porque tienes celos incontrolables?" "Yo era una modelo exitosa, y así comenzamos una relación, ahora no intentes cambiar mi profesión". "Si me conociste siendo una mujer activa, trabajadora y profesional; ahora no quieras que me convierta en una ama de casa, enterrando mis talentos, sólo porque me casé contigo". ¿Cómo quieres que te respete si tu no respetas mis talentos? ¿Cómo quieres que te respete si tu no respetas mi trabajo? ¿Cómo quieres que te ame, si tu no amas lo que soy y como soy?

El amor maduro ama tal y como es el otro, sin intentar cambiarlo. Acepta al otro con sus defectos y virtudes sin pretender convertirlo en alguien que no es. El amor maduro mira al otro como lo que es: "un ser humano" y no como un objeto. El amor maduro no exige más de lo que no está dispuesto a dar. ¿Cuántas parejas vemos hoy en día que, antes de conocerse tenían una vida exitosa y después de estar en una relación han cambiado totalmente lo que son? Sólo por el simple hecho de complacer al otro, de hacer lo que el otro quiere, sin ponerse a pensar ¿y qué es lo que quiero yo que el otro no está dispuesto a aceptar? Entonces, ¿si alguien no te gusta como es, o no te gusta lo que hace…por qué te casaste? ¿Por qué hacer del matrimonio una lucha de poder? No ha de extrañarnos entonces, que la estadística de divorcio vaya en aumento. ¿Cómo va a exigir amor, si hay violación de derechos? La mayor parte del resentimiento en la pareja ocurre porque uno de los dos, renunció a sus sueños y metas, para sacrificarse por el otro. y ese dolor de haber estado estancado profesionalmente, de haber sido frustrado por el otro, de no haber podido ser lo que quería ser, mata el amor y se transforma en odio.

"¿Cómo quieres que te amé si violas mis derechos de trabajar, de salir con mis amigos, de visitar a mi familia, de estudiar? ¿En que se ha convertido esto? ¿En matrimonio o esclavitud? ¡Renuncio! Si me das a escoger entre esta relación y mis sueños, me voy por mis sueños.

Y si tu no respetas mis sueños, no tienes derecho a estar conmigo". – le decía una señora a su esposo después de dos años de casados. Y me hace pensar, ¿Cuántas personas están dispuestas a separarse de la persona que aman con tal de defender su libertad? Y ¿Cuántas personas no están dispuestas a defender sus derechos en la relación, y prefieren quedarse en ella, por miedo al qué dirán?

Lo "mío", lo "tuyo" y lo "nuestro".

El amor maduro respeta los tres espacios: lo "mío", lo "tuyo", y lo "nuestro". Sin pretender que lo mío sea tuyo, ni lo tuyo sea mío, ni lo nuestro de todos. Porque mi ropa, no la puede usar mi esposo, ni mis zapatos, se los puede poner mi esposo, ni tampoco mi maquillaje. Así que:

- Está mi ropa, tu ropa, y nuestra ropa (que es la ropa que compramos para combinar y divertirnos como pareja).

- Mi familia, tu familia, y nuestra familia (la que formamos juntos como los hijos).

- Mis amigos, tus amigos y nuestros amigos (lo que tenemos en común).

- Mi trabajo, tu trabajo y nuestro trabajo (el que creamos con una misma visión).

- Mi talento, tu talento, y nuestro talento como pareja juntos.

- Mi dinero, tu dinero y nuestro dinero (el que ahorramos en común).

- Mis metas, tus metas y nuestras metas (las metas en común).

- Mis conocimientos, tus conocimientos y nuestros conocimientos.

- Mi posición social, tu posición social y nuestra posición social.

- Mi negocio, tu negocio y nuestro negocio.

- Mis recursos materiales, tus recursos materiales, y nuestros recursos materiales.

- Mis derechos, tus derechos, y nuestros derechos.

- Mi responsabilidad, tu responsabilidad, y nuestra responsabilidad.

La lista pudiera seguir, pero la idea de lo que quiero decir es que, el hecho de que yo sea doctora, no convierte a mi pareja en doctor automáticamente, porque mis conocimientos no son sus conocimientos. Si él no estudia medicina, nunca será un doctor como yo. Otro ejemplo, el hecho de que yo sea exitosa, no convierte a mi pareja en exitosa, porque el éxito que tengo ha sido producto de mis esfuerzo y dedicación, y si mi pareja no realiza esfuerzos ni pone dedicación de su parte no alcanzará el éxito. O el hecho de que yo sea empresaria, no convierte a mi pareja en empresaria tampoco, o porque yo soy inteligente, no convierte a mi pareja en inteligente, o porque soy millonaria, no convierte a mi pareja en millonaria (no si he firmado un acuerdo prenupcial con división de propiedades) .... Entonces, ¿de dónde sacan la absurda y ridícula idea de que lo mío es tuyo, y lo tuyo es mío? Lo mío es mío, lo tuyo es tuyo, y lo que tenemos que hacer es: "construir el nuestro".

El amor maduro construye el "nuestro", partiendo de lo que somos, construimos lo que seremos. Partiendo de lo que sabemos, construimos lo que sabremos juntos. Partiendo de lo que tenemos, construimos lo que tendremos. Partiendo de lo que hacemos, construimos lo que haremos. Todo parte desde la propia individualidad para construir la unidad en equipo, sin perder la identidad, ni usurpar la identidad del otro. Porque, cuando hay violación de derechos, se pierde la individualidad, la relación se pudre y se enquista como un cáncer.

Conclusiones Generales

El amor es una decisión que se toma libremente. Cada quien escoge con quien va a unir su vida para disfrutar de una armonía espiritual, psicológica y físicamente, construir un futuro y formar una familia. No hay necesidad de tener sexo con otra persona fuera de la pareja para ser infiel. Con el simple hecho de establecer una relación emocional que involucre atracción, deseo y pensamientos eróticos, ya hay infidelidad. La integridad, la lealtad, la confianza, la madurez y el respeto a la libertad del otro, son elementos básicos para la conservación la relación. El amor maduro es recíproco , es sano, y es limpio, y no implica estancamiento. Porque el amor maduro permite explorar el placer en todas las áreas de la vida, y no en un solo individuo; construyendo un nosotros como objetivo final, sin perder la individualidad que nos caracteriza.